10 Pasos para atraer la abundancia

Birkat Hamazón

RABÍ AHARÓN SHLEZINGER

10 Pasos para atraer la abundancia

Birkat Hamazón

EDICIONES OBELISCO

Colección *Cábala y judaismo*
10 PASOS PARA ATRAER LA ABUNDANCIA
BIRKAT HAMAZÓN
Rabí Aharón Shlezinger

1.ª edición: octubre de 2016

Maquetación: *Isabel Estrada*
Corrección: *M.ª Jesús Rodríguez*
Diseño de cubierta: *Enrique Iborra*

© 2016, Aharón Shlezinger
(Reservados todos los derechos)
© 2016, Ediciones Obelisco, S. L.
(Reservados los derechos para la presente edición)

Edita: Ediciones Obelisco S. L.
Collita, 23-25. Pol. Ind. Molí de la Bastida
08191 Rubí - Barcelona - España
Tel. 93 309 85 25 - Fax 93 309 85 23
E-mail: info@edicionesobelisco.com

ISBN: 978-84-9111-147-4
Depósito Legal: B-19.581-2016

Printed in Spain

Impreso en España en los talleres gráficos de Romanyà/Valls S.A.
Verdaguer, 1 - 08786 Capellades (Barcelona)

PRÓLOGO

En tiempos pasados, cuando el hombre fue creado y puesto en el mundo para que lo habitara, la abundancia rebosaba y estaba al alcance de la mano, como está escrito: «El Eterno Dios plantó un Jardín en el Edén, al oriente, y allí puso al hombre que había formado. Y El Eterno Dios hizo que surgiera de la tierra todo árbol deseable a la vista, y bueno para comer […]» (Génesis 2:8-10).

Este Jardín era maravilloso. Todo lo que le hacía falta al hombre para vivir plácidamente lo encontraba en ese lugar. Por eso Adán, mientras conservó su santidad y pureza moraba en el Jardín del Edén y se deleitaba con todos los placeres que allí había dispuestos para que los disfrutase, e incluso los ángeles acudían a servirle; preparaban para él carne asada, y le colaban vino (Avot de Rabí Natán 1:8).

No le faltaba nada. Su vida era un verdadero vergel colmado de goce y felicidad. Todo estaba dispuesto ante él para que disfrutara y se deleitara, con excepción de un árbol, como está escrito: «Y El Eterno Dios le ordenó al hombre, diciendo: "De todo árbol del Jardín podrás comer; pero del Árbol del Conocimiento del Bien y del Mal, no comerás; pues el día que comieres de él, ciertamente morirás» (Génesis 2:16-17).

Adán tenía la posibilidad de vivir para siempre, con su mujer, hijos, y descendientes, y disfrutar eternamente con una única condición. Pero no superó la prueba, como está escrito: «Y la mujer percibió que el árbol era bueno como alimento, y placentero a la vista, y un árbol deseable para alcanzar la sabiduría, y ella tomó de su fruto y comió; y también dio a su marido con ella, y él comió» (Génesis 3:6). Por eso: «El Eterno Dios lo sacó del Jardín del Edén, para que trabajara la tierra de la que había sido tomado» (Génesis 3:23).

LAS DIFICULTADES DEL SUSTENTO

Desde entonces obtener el sustento se tornó muy difícil, como manifestó Rabí Asei: el esfuerzo requerido para conseguir el sustento es duro para el hombre, el doble que un parto, como está escrito: «Con aflicciones comerás de ella [...] Con el sudor de tu frente comerás el pan hasta que retornes a la tierra» (Génesis 3:17-19). Y está escrito: «Con aflicción parirás a tus hijos» (Génesis 3:16). Se aprecia que la aflicción del parto está escrita en singular, o sea, es una sola, pero respecto a la obtención del sustento está escrito «aflicciones», en plural, indicándose que son muchas (Midrash Bereshit Raba 20:9).

Siendo así, ¿cómo se puede obtener en la actualidad un buen sustento y abundancia sin sufrimiento? He aquí la respuesta: Adán perdió toda la abundancia que le había sido dada a través de la comida, y también en la comida se encuentra la solución.

Pues fue enseñado: El sustento es proporcionado directamente por El Santo, Bendito Sea. ¿De dónde se aprende? Como está dicho: «Abres tu mano, y sacias a todo ser viviente según su voluntad» (Salmos 145:16) (Midrash Bereshit Raba Ibíd.). Y fue enseñado: Todo el que es cuidadoso en recitar la bendición para después de comer pan apropiadamente su alimento está dispuesto todos los días de su vida con honor (Sefer Hajinuj; Mishná Berurá 185:1).

¡He aquí la solución! Por eso, en esta obra estudiaremos cómo comer adecuadamente y el modo de recitar la bendición para después de comer pan en forma correcta y apropiada, con el fin de hallar gracia ante El Santo, Bendito Sea, y obtener la abundancia a través de los diez pasos que fueron enseñados por los sabios.

I
LAS CARACTERÍSTICAS DEL AGUA

Para recitar la serie de bendiciones que se pronuncian después de comer pan apropiadamente, hay que seguir los pasos adecuados desde el comienzo de la comida. Y el primero es la purificación de las manos.

Ya que antes de comer pan se deben lavar las manos con agua para purificarlas. Y, aunque parezca algo simple, conociendo los pormenores de este precepto se puede alcanzar un grado supremo y captar mucha energía, abundancia, y bendición de lo Alto. Pues la observancia de cada detalle es importante para despertar los diversos grados de la energía suprema y atraerla hacia nosotros.

LA BASE DEL PRECEPTO

Por tanto, comenzaremos a abrir este importante asunto observando un detalle fundamental: ¿de dónde sabemos que lavarse las manos para comer pan es un precepto? Porque en la bendición que se recita tras lavarse las manos se menciona: «Bendito eres Tú, El Eterno [...] que nos ha santificado con Sus preceptos y nos ha ordenado lo concerniente a la purificación de las manos». Vemos que en la bendición se declara que es una ordenanza del El Eterno. Pero en la Torá no hallamos esa ordenanza en forma explícita. O sea, se entiende que es una prescripción de los sabios. ¿Y cómo algo que fue prescripto por los sabios tiene carácter Divino? Porque ellos lo establecieron sobre la base de lo declarado en la Torá, como está escrito: «Según la ley que te enseñen, y según el juicio que te digan, harás; no te apartarás de lo que te digan ni a diestra ni a siniestra» (Deuteronomio 17:11) (Maimónides: Hiljot Berajot 11:3).

Y los preceptos deben cumplirse de modo óptimo, dando lo mejor de nosotros. Para comprenderlo, observemos esta cita: «Adán conoció a Eva, su mujer; y concibió y dio a luz a Caín, y dijo: "He adquirido varón con –ayuda de– El Eterno". Y volvió a dar a luz, a Abel, su hermano; y Abel fue pastor de ovejas, y Caín fue labrador de la tierra. Y pasado el tiempo Caín trajo del fruto de la tierra una ofrenda a El Eterno. Y Abel trajo también de los primogénitos de sus ovejas, de lo más selecto de ellas. Y El Eterno se complació de Abel y su ofrenda. Pero no se complació de Caín y su ofrenda; y Caín se ensañó en gran manera, y decayó su semblante. Entonces El Eterno le dijo a Caín: "¿Por qué te has ensañado, y por qué ha decaído tu semblante? Si bien hicieres, ¿no serás enaltecido? Y si no hicieres bien, el pecado está a la puerta [...]"» (Génesis 4:1-7).

¿Por qué El Eterno se complació de Abel y su ofrenda, pero no se complació de Caín y su ofrenda? Porque Caín Le trajo una ofrenda del sobrante de sus frutas y no de lo selecto. Y Abel trajo una ofrenda de lo selecto del rebaño (Midrash Raba; Rashi).

LA TRANSPARENCIA DE LAS AGUAS

Aprendemos que El Eterno se complace de quien le trae de lo más selecto, y no, de lo desechado. Éste es un principio fundamental, y los sabios lo han destacado en forma particular en las leyes del agua que se utilizan para lavarse las manos antes de comer pan.

Porque así fue enseñado: «Las aguas que su aspecto se alteró, tanto por sí mismas, o por causa de algo que cayó en su interior, o por causa del lugar, son inválidas –para purificarse las manos–» (Código Legal Shulján Aruj: *Oraj Jaim* 160:1).[1]

Se aprecia que se requieren aguas transparentes, limpias y puras. O sea, debemos purificarnos las manos con agua selecta. Y si bien esto es muy fácil de hacer en la actualidad, ya que en muchos lugares del mundo abriendo el grifo obtenemos agua cristalina y limpia, perfectamente apta para purificarse las manos, no obstante, el conocimiento de los detalles requeridos nos permite atraer la energía de lo Alto que se proyecta al considerar que no utilizamos aguas ensuciadas, de ninguno de los tipos mencionados, sino aguas adecuadas. Y en la siguiente ley se observa con una nitidez asombrosa el hecho de ofrendar a El Eterno de lo más selecto, también lo que respecta al agua utilizada para purificarse las manos.

Aguas selectas

A continuación se enuncia en el Código Legal: «Si realizó con las aguas una labor, o sumergió en ellas su pan, incluso cuando tuvo la intención de sumergir en un recipiente, y cayó en un segundo recipiente, son inválidas» (Shulján Aruj: *Oraj Jaim* 160:2).[2]

Se observa claramente que se debe ofrendar a El Eterno de lo más selecto, también en lo que respecta al agua utilizada para purificarse las manos para comer pan. Y esto muchas veces depende de la propia voluntad. Ya que si esas aguas fueron desechadas en la mente, o sea, hubo intención y voluntad de desecharlas, no se deben utilizar, sino sólo de lo selecto. Aguas puras y cristalinas que no fueron sometidas a ningún tipo de rigor, ni físico ni mental. Tal como salen de la fuente, o el conducto que las transporta, se las utiliza para actuar en forma correcta y óptima y agradar a El Eterno.

II
LA PURIFICACIÓN DE LAS MANOS

Éste es el modo ideal para purificarse las manos en forma óptima:[3] se llena un recipiente con abundante agua, una cantidad suficiente para verter tres veces sobre cada mano, y que la cubra completamente, llegando a todas las partes de la mano. Y, cuando se arroja agua sobre cada mano, se la gira hacia un lado y otro, de modo que el agua llegue a toda la mano y no quede nada de la misma sin ser alcanzada por el agua.

Éste es el procedimiento correcto: se toma el recipiente con la mano derecha y se lo pasa a la mano izquierda. La razón es para someter a la izquierda como un siervo que viene para servir a su amo. Y entonces, la mano izquierda vierte agua sobre la mano derecha tres veces, una después de la otra. Después, la mano izquierda apoyará el recipiente en el suelo –u otra superficie–, y la mano derecha lo tomará de allí, y verterá agua sobre la mano izquierda tres veces, una después de la otra.

La razón de este procedimiento se debe a que la izquierda está vinculada con el misterio del flanco del rigor, y la derecha está vinculada con el misterio del flanco del amor y la bondad, y se debe someter al rigor ante el amor.

A continuación se frota la mano derecha –con la mano izquierda– tres veces, una después de la otra, y se frota también la mano izquierda –con la mano derecha– tres veces, una después de la otra.

Después del lavado de las manos y del frotado, se elevan las manos hasta la altura de la cabeza para atraer la energía y la abundancia de lo Alto a su cuerpo y a su alma. Y al hacerlo se mantienen los codos junto al cuerpo, sin abrirlos hacia afuera, según el misterio de lo que está escrito: «Y la parte posterior de ellos estaba hacia dentro» (I Reyes 7:25). E inmediatamente después de levantar las manos, sin secarlas, se recita la bendición: «Bendito eres Tú, El Eterno, Dios nuestro, Rey del universo, que nos ha santificado con Sus preceptos y nos ha ordenado lo concerniente a la purificación de las manos». Y la razón por la que se recita esta bendición inmediatamente después de elevar las manos se debe a que no se han de elevar las manos en vano (Zohar Balak 198b).

Después de recitarse la bendición, mientras aún se permanece con las manos elevadas, se las extiende para recibir la abundancia y la bendición de las diez fuentes supremas de abundancia aludidas en los diez dedos de las manos. Y también se atrae la energía proveniente de lo Alto vinculada con las diez bendiciones mencionadas en la cita que manifiesta: «Dios te dé del rocío del Cielo, y de lo selecto de la tierra, y abundancia de trigo y de mosto [...]» (Génesis 27:28-29).

Este procedimiento está indicado en la cita que manifiesta: «Y levantaréis –*vainatlem*– y elevaréis [...]» (Isaías 63:9). Se indica que en el proceso de purificación de las manos –*netila*–, se las debe levantar y elevar a la altura de la cabeza (véase Malbim Ibíd.).

Después de lavarse las manos se las seca completamente, para cortar el pan con las manos secas (Talmud, tratado de Sota 4b). Y es importante secarse las manos con una toalla u otro elemento, pero nunca con su propia ropa, ya que afecta a la memoria de la persona, provocando olvido (Ben Ish Jai: Sheminí 1-7).

Inmediatamente después de lavarse las manos se debe recitar la bendición, cortar el pan y comer sin interrumpir en absoluto ni desviar el pensamiento a otra cosa.

El cortado del pan

La persona debe cortar el pan sobre el cual recita la bendición para comer en el lugar del mismo que está bien horneado; y sólo un anciano, que le resulta difícil comer de ese lugar, corta en el lugar más blando del pan.

Éste es el procedimiento correcto: se colocan ambas manos sobre el pan en el momento de la bendición, ya que hay en ellas diez dedos, los cuales se corresponden con los diez preceptos que dependen del pan.

Los diez preceptos

Éstos son los diez preceptos: durante el proceso de arado se cumple con el precepto: «No ararás con un toro y un burro juntos» (Deuteronomio 22:10).

Durante la siembra se cumple con el precepto: «No sembraréis vuestro campo con semillas mezcladas» (Levítico 19:19).

Durante la trilla se cumple con el precepto: «No le pondrás bozal al toro mientras trilla» (Deuteronomio 25:4).

Al cosechar se cumple con el precepto de no recoger las espigas individuales que caen al suelo en el momento de la cosecha. Como está escrito: «No recogeréis las espigas caídas» (Levítico 19:9).

En el tiempo de la cosecha se cumple con el precepto de dejar un manojo que fue olvidado en el campo durante la cosecha para los pobres. Como está escrito: «Cuando recolectes tu cosecha en tu campo y olvides un manojo en el campo, no regresarás a tomarlo; será para el prosélito, el huérfano, y la viuda, para que El Eterno, tu Dios, te bendiga en toda la obra de tus manos» (Deuteronomio 24:19).

Al cosechar se cumple también con el precepto de dejar la esquina del campo para los pobres. Como está escrito: «No recogeréis completamente las esquinas de vuestro campo» (Levítico 19:9).

Cuando se recolecta la producción, se cumple con el precepto de darle la primicia del grano al sacerdote. Como está escrito: «Las primicias de tus granos, tu vino y tu aceite, y la primera lana de la esquila de tus ovejas le darás» (Deuteronomio 18:4).

Después de retirar la primicia del grano se cumple con el precepto de separar el Primer Diezmo para los levitas. Como está escrito: «Pues el diezmo que los Hijos de Israel le separen a El Eterno como una ofrenda se los he dado a los levitas por posesión» (Números 18:24).

Tras separar el Primer Diezmo se cumple con el precepto del Segundo Diezmo, que debe apartarse para llevarlo a Jerusalén y comerlo allí. Como está escrito: «Y comerás el diezmo de tu grano, tu vino y tu aceite, y el primogénito de tus vacunos y tus ovejas ante El Eterno, tu Dios» (Deuteronomio 14:23).

Cuando se elaboró la masa se cumple con el precepto de separar una porción –*jalá*– y entregársela al sacerdote. Como está escrito: «La primicia de vuestra masa –*jalá*– separaréis» (Números 15:20).

La depuración del pan

Asimismo, los diez dedos se corresponden con las diez labores que se realizan desde el arado hasta el horneado del pan. Ya que en cada labor se realiza una depuración específica de las centellas de santidad, y por eso en la bendición que se recita para comer pan hay diez palabras –en el texto hebreo–. Además, hay diez palabras en el texto hebreo del versículo que se refiere a la alabanza de los productos de la Tierra de Israel entre los que se encuentra el trigo. Y también el versículo que describe la bendición referente al grano y la abundancia emitida por Jacob a su hijo. Y la misma cantidad de términos posee el Salmo que se refiere al fenómeno del pan y también el Salmo que alude al sustento.

Ésta es la traducción de los versículos citados que en el texto original hebreo poseen diez palabras:

El Salmo que se refiere al fenómeno del pan:

«Hace brotar el pasto para los animales, y la vegetación para la labor del hombre, sacando el pan de la tierra» (Salmos 104:14)

מַצְמִיחַ חָצִיר לַבְּהֵמָה וְעֵשֶׂב לַעֲבֹדַת הָאָדָם לְהוֹצִיא לֶחֶם מִן הָאָרֶץ

El Salmo que alude al sustento:

«Los ojos de todos esperan en Ti, y Tú les das su alimento a su tiempo» (Salmos 145:15).

עֵינֵי כֹל אֵלֶיךָ יְשַׂבֵּרוּ וְאַתָּה נוֹתֵן לָהֶם אֶת אָכְלָם בְּעִתּוֹ

El versículo que se refiere a la alabanza de los productos de la tierra de Israel entre los que se encuentra el trigo:

«Una tierra de trigo, cebada, vid, higueras y granados, tierra de olivos, de aceite y miel de dátiles» (Deuteronomio 8:8).

אֶרֶץ חִטָּה וּשְׂעֹרָה וְגֶפֶן וּתְאֵנָה וְרִמּוֹן אֶרֶץ זֵית שֶׁמֶן וּדְבָשׁ

El versículo que describe la bendición referente al grano y la abundancia, transmitida por Jacob a su hijo:

«Y que Dios te dé del rocío de los Cielos y de lo selecto de la tierra, y granos y vino en abundancia» (Génesis 27:28).

וְיִתֶּן לְךָ הָאֱלֹהִים מִטַּל הַשָּׁמַיִם וּמִשְׁמַנֵּי הָאָרֶץ וְרֹב דָּגָן וְתִירֹשׁ

Ésta es la traducción de la bendición que se recita antes de comer pan, que en hebreo tiene también diez palabras: «Bendito eres Tú, El Eterno, Dios nuestro, Rey del universo, que saca el pan de la tierra».

בָּרוּךְ אַתָּה יְיָ אֱלֹהֵינוּ מֶלֶךְ הָעוֹלָם הַמּוֹצִיא לֶחֶם מִן הָאָרֶץ

(Código de Leyes Shulján Aruj Oraj Jaim 167:4; Ben Ish Jai: Emor 5).

III
CÓMO SE COME EL PAN

Hasta ahora hemos visto que antes de comer pan se han de purificar las manos lavándolas con agua, y antes de secarlas se recita la bendición correspondiente. Después se secan las manos, y se recita la bendición para comer el pan. A continuación observaremos cómo cortar y comer.

Después de recitar la bendición para comer pan, se lo ha de cortar. Y aquí también hay un asunto importante que debe saberse; pues después de recitar la bendición no se debe cortar un trozo demasiado pequeño ni uno demasiado grande.

No se debe cortar un trozo más pequeño que el tamaño de una aceituna, para no parecer una persona mezquina, ni más grande que el tamaño de un huevo, para no parecer una persona glotona.

Esto es así cuando la persona come sola de ese pan que corta. Pero si dará de ese pan también a los demás comensales, ha de cortar un trozo suficientemente grande para repartir a cada uno un trozo que tenga un tamaño como el de una aceituna.

Éste es el procedimiento correspondiente al cortado del primer trozo de pan que se comerá después de recitar la bendición. Pero antes de ingerirlo se debe hacer algo más, agregarle sal, como veremos a continuación.

Es un precepto traer sal a la mesa. Y debe colocarse ligeramente el trozo de pan que se comerá en la sal tres veces, tal como enseñaron los sabios cabalistas.

Al hacer eso, debe considerarse que pan en hebreo se dice *lejem*, y esa palabra tiene un valor numérico que equivale a tres veces el valor numérico del Tetragrama. Veámoslo gráficamente:

Lejem se escribe así con letras hebreas:

לחם

Éste es su valor numérico:

$$
\begin{array}{rcr}
ל & = & 30 \\
ח & = & 8 \\
ם & = & 40 \\
\hline
  &   & 78
\end{array}
$$

Resulta que el valor numérico de pan –*lejem*– es igual a 78. Ahora veremos el valor numérico del Nombre de El Santo, Bendito Sea, el Tetragrama.

El Tetragrama se escribe así con letras hebreas:

י–ה–ו–ה

Éste es su valor numérico:

$$
\begin{array}{rcr}
י & = & 10 \\
ה & = & 5 \\
ו & = & 6 \\
ה & = & 5 \\
\hline
  &   & 26
\end{array}
$$

Resulta que el valor numérico del Tetragrama es igual a 26. Y como dijimos que *lejem* es igual a tres veces el Tetragrama, multiplicamos el valor obtenido por 3:

$$26 \times 3 = 78$$

He aquí la coincidencia comprobada.

Ahora bien, los sabios han enseñado que el Tetragrama está vinculado con la energía de la bondad, la dulzura y el amor. Por tanto, en el pan hay indicadas tres bondades. Y la sal está vinculada con la severidad del rigor y el juicio, y su valor numérico coincide con el del pan –*lejem*–, ya que se escribe con las mismas letras, indicándose la presencia de tres rigores, que también coinciden con el valor de tres veces el Tetragrama.

Veámoslo gráficamente: sal en hebreo se dice *melaj*, y se escribe así:

מלח

Éste es su valor numérico:

$$
\begin{array}{rcr}
מ & = & 40 \\
ל & = & 30 \\
ח & = & 8 \\
\hline
 & & 78
\end{array}
$$

Resulta que el valor numérico de sal –*melaj*– es igual a 78. Por tanto, al colocar el pan en la sal, las tres bondades indicadas en el pan endulzan a los tres rigores indicados en la sal.

Después de colocar el pan en la sal, la misma no debe retirarse de la mesa. Ya que tal como han enseñado los sabios, es apropiado dejar la sal en la mesa hasta después de recitar la bendición para después de comer pan. Y la razón se debe a que la mesa se asemeja al Altar, y está escrito: «Con toda ofrenda que presentes ofrecerás sal» (Levítico 2:13) (véase Ben Ish Jai: Emor, halaja 8-10).

IV
LA CONDUCTA EN LA MESA

Durante la comida la persona debe comportarse apropiadamente, respetando la santidad de la mesa, y a los demás comensales, aplicando las reglas de buenos modales enseñadas por los sabios.

Considérese que las cortesías y las normas de conducta tienen por propósito hacer la vida más amena, donde juega un papel preponderante la consideración por los demás. Los buenos modales se basan en el auténtico reparo por el respeto al prójimo, y la mesa es el lugar ideal para expresarlo.

La energía de los alimentos

Asimismo, debe considerarse que al estar sentado a la mesa se consumen los alimentos que proveerán al organismo la energía necesaria para realizar todas las actividades del día. Cada instante de actividad estará vinculado directamente con ese momento. Por tal razón la persona siente una atracción especial por los alimentos, y en ciertas ocasiones cuando se abastece olvida muchas de las reglas de buenos modales.

No obstante, hay que considerar que somos seres racionales y debemos controlar nuestros impulsos. Ha de tenerse en cuenta que los demás están observando la conducta que uno demuestra al estar sentado a la mesa. Y no sólo eso, sino que los que no están presentes lo observarán más tarde a través de nuestro cuerpo. Ya que nuestro cuerpo refleja perfectamente la conducta ejercida mientras estuvimos sentados a la mesa.

La distribución idónea de los órganos del provecho

El objetivo de un ser humano que desea superarse y captar el amor Supremo, y el de las demás personas, debe orientar a lograr el control de sus tentaciones materiales y decidir racionalmente la acción a llevar a cabo. Nótese que en la distribución de los órganos del propio rostro está indicada esta imperiosa necesidad. Pues la persona experimenta tres tipos de provecho, y los órganos perceptores de los mismos están distribuidos en un orden sabiamente dispuesto.

Los tres tipos de provecho son: el del sabor de los alimentos, que se percibe a través de la boca; el aroma de las fragancias, que se percibe a través de la nariz; la observación de las vistas que nos rodean, que se percibe a través de los ojos.

Los tres tipos de provecho citados se encuentran en este mundo físico. Sin embargo, el principal provecho que la persona experimenta en este mundo es el que tiene que ver con la comida y la bebida, el cual se percibe a través de la boca, el orificio inferior de la cabeza.

Ahora bien, esto es así en un estado completamente físico, mas cuando abandona el mundo terrenal, la persona pasa a morar en el Jardín del Edén Inferior, donde el provecho vital consiste en el percibido a través del olfato. Pues en el Jardín del Edén Inferior el alma se inviste en un cuerpo concreto, aunque constituido de material refinado. El mismo no requiere de alimentos físicos que ingresan al organismo a través de la boca, sino que se nutre de fragancias deliciosas (véase Mishná, tratado de Sanhedrín 10:1; Rabí Ovadia de Bartenura Ibíd.).

El tercer ascenso de nivel tiene lugar en el Jardín del Edén Superior. Allí el individuo se hallará en un estado extremadamente refinado y se nutrirá únicamente de las visiones provenientes del resplandor irradiado por la Presencia Divina.

Ésta es la razón por la cual los ojos, la nariz y la boca se encuentran en la posición descrita, uno encima del otro. El orden corresponde con el nivel espiritual y la categoría de provecho que experimenta el hombre de acuerdo al nivel al que asciende (véase Ben Ish Jai, sección Vaetjanán).

Un rostro radiante

Ahora que conocemos cómo funcionan los niveles de ascenso, observaremos lo que fue capaz de hacer en vida un hombre que se refinó como es debido, Moisés. Acerca de él está escrito: «El Eterno le dijo a Moisés: "Escribe estas palabras para ti, pues según estas palabras he establecido un pacto contigo e Israel". Él permaneció allí, junto a El Eterno, durante cuarenta días y cuarenta noches, y no comió pan ni bebió agua, y Él escribió sobre las Tablas las palabras del pacto, los Diez Mandamientos» (Éxodo 34:27-28). Se aprecia claramente que Moisés había alcanzado un nivel espiritual supremo y en ese lapso de tiempo que estuvo en lo Alto le fue suficiente con lo que percibía con sus ojos para subsistir.

Pero esto no era todo, cuando se narra a continuación el descenso de Moisés, se describe también el aspecto radiante que había adquirido; como está escrito: «Cuando Moisés descendió del monte Sinaí, con las dos Tablas del Testimonio, las cuales estaban en la mano de Moisés al descender del monte, Moisés no sabía que la piel de su rostro se había vuelto radiante cuando Él le había hablado. Aarón y todos los Hijos de Israel vieron a Moisés, y he aquí que la piel de su rostro se había vuelto radiante; y temieron acercársele. Moisés los llamó y Aarón y todos los líderes de la asamblea regresaron a él, y Moisés les habló. Después, todos los Hijos de Israel se acercaron; y él les ordenó acerca de todo lo que El Eterno le había hablado en el Monte Sinaí» (Éxodo 34:29-32).

La elevación suprema de un ser humano

Hemos apreciado que un hombre de carne y hueso logró superar todos los niveles, hasta llegar a lo más alto. E hizo esto aún antes de morir. Quiere decir que si bien la muerte permite a un justo apegarse a la esencia espiritual más elevada, también antes de eso se pueden alcanzar niveles supremos.

Es nuestra misión captar el objetivo más alto posible y someter el instinto animal que se despierta ante los alimentos, y consumirlos de acuerdo con las pautas de ética y moral aprendidas y determinadas por la razón. Y la razón debe ser adiestrada a través de los conocimientos de la Torá. Considérese que los sabios enseñaron que deben pronunciarse palabras de Torá al estar sentado junto a la mesa, entre plato y plato. Esto indica la estrecha relación que debe existir entre ambos asuntos.

La mesa, fuente energética y espiritual

Evidentemente la elevación de una persona comienza por la mesa, que es el lugar y el momento de abastecerse de nutriente para el cuerpo y el alma, donde se reúnen las energías necesarias para estudiar la Torá y superarse. Por eso, en el Templo Sagrado había una señal inconfundible, la mesa estaba en la antesala de la Torá. Ya que había un lugar santo, denominado *Kodesh*, donde estaba la mesa, y después estaba el lugar ultra santo, denominado *Kodesh Hakodashim*, donde estaba la Torá. Como escribió Maimónides: el Templo Sagrado debe contar imprescindiblemente con tres secciones especiales: un sector sagrado, llamado *Kodesh*, y un sector ultra sagrado llamado *Kodesh Hakodashim*.

Además, delante del *Kodesh* será dispuesto un sitio al que se llamará *Ulam*. Estas tres secciones en conjunto reciben el nombre de *Eijal*.

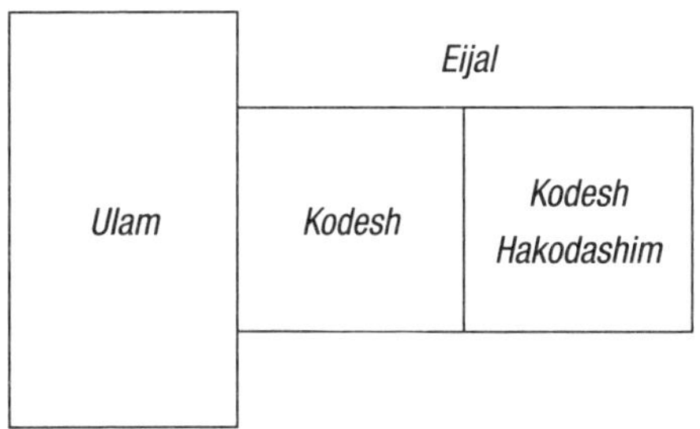

El *Eijal* ha de estar cercado por una nueva división; y todo lo que la misma encierre conformará el Atrio que se llamará *Azará*.

La *Azará* debe ser subdividida en tres sectores: el primer sector será accesible sólo para los oficiantes del Templo, los sacerdotes descendientes de Aarón, y también sus ayudantes, los levitas. El segundo sector será de acceso general para los varones, y se llamará *Azará* de Israel. El tercer sector será para las mujeres, y se llamará *Azará* de las mujeres.

Finalmente, el conjunto de todos los sectores pertenecientes al Templo Sagrado se denominará *Beit Mikdash*.

Ésta es la disposición de los elementos principales dentro del *Eijal*: en el lugar ultrasagrado, llamado *Kodesh Hakodashim*, se hallaban las Tablas de la Ley. En ellas estaban escritos los Diez Mandamientos, que son el corazón de la Torá. También había allí un Arca, en cuyo interior estaban guardadas las Tablas de la Ley, y dos querubines dispuestos sobre el Arca.

En el lugar santo, llamado *Kodesh* había un candelabro, llamado *Menorá*, un Altar de oro para ofrendar sobre él el incienso, y la mesa para el Pan de la Preposición.

En el *Ulam*, que se hallaba antes del *Kodesh* a manera de antesala, había allí una mesa de mármol, para colocar en ella los Panes de la Preposición antes de llevarlos al *Kodesh*. También había allí una mesa de oro, para colocar en ella los panes de la semana anterior que eran retirados para disponer los nuevos. Y aunque los panes retirados habían permanecido una semana entera en la mesa del *Kodesh*, cuando se los retiraba presentaban un aspecto de frescura similar a los recién elaborados (Maimónides: Hilajot Beit Habejirá 1:5).[4]

El Templo Sagrado es el modelo en el cual nos debemos reflejar, ya que el ser humano es comparado a un Templo en miniatura. Y, asimismo, nuestra mesa reemplaza al Altar cuando el Templo físico no está en pie. Por tanto, a través de la humildad y los buenos modales expresados en ese momento, cuando el instinto mundano se manifiesta abiertamente e intenta hacer tropezar a la persona, ése es el momento de hacer prevalecer nuestra condición humana racional y someter a los impulsos materiales que nos alejan de nuestro objetivo principal.

Esta actitud, sin lugar a dudas, abrirá también las puertas de los corazones de las demás personas que observan, otorgándoles también a ellas la posibilidad de alcanzar niveles superlativos en el campo espiritual.

Los detalles y las particularidades de las normas de buena conducta en la mesa abundan en los textos sagrados de la Torá escrita y también en la Torá oral. Éstas son algunas citas selectas:

No comas como un hambriento, desesperadamente (Talmud, tratado de Beitzá 25, Código Legal *Oraj Jaim* 170:9; Ramá Ibíd.).

No muerdas un alimento y después lo dejes sobre la mesa; le causará repugnancia a los demás comensales (Talmud, tratado de Beitzá 25; Código Legal *Oraj Jaim* 170:10; Mishná Brurá Ibíd.).

No mires al que come, ni a su porción, para no avergonzarlo (Código Legal *Oraj Jaim* 170:4).

No se debe masticar los alimentos presurosamente, ni comer con prisa, sino que se lo debe hacer en forma pausada, incluso si está sentado junto a una persona que come con avidez (Ben Ish Jai: Behar Bejukotay 9).

Si la carne es dura, no debe morderse un trozo con los dientes, y sujetar con la mano por el otro lado y tirar hacia fuera (Ibíd.).

Tampoco debe chupar sus dedos en medio de la comida. Y no debe mostrarse pasión por la comida (Ibíd.).

Asimismo, la persona no debe coger más comida hasta que trague completamente lo que tiene en su boca. Y debe hacerse una breve pausa entre un bocado y otro (Ibíd.).

Cuando los demás comensales quitaron las manos de ese alimento, también se debe quitar las manos de ese plato, aunque se desee comer más. Pues no es ético comer solo entre varios comensales (Ibíd.).

Asimismo, no debe tomarse con la mano un trozo grande como el tamaño de un huevo y comer, y tampoco debe beberse el vaso de una sola vez (Ibíd.).

Éstas son algunas de las normas de buenos modales que deben aplicarse al estar sentados a la mesa. Y debe saberse que las normas de buenos modales conllevan a la rectificación de la persona y su crecimiento personal; también a convertirse en un ser humano amado en lo Alto, y en lo bajo, por las demás personas.

V
LA ELEVACIÓN DE LA MESA

Debe saberse, además, que la mesa es comparada al Altar y a través de la comida se realiza una gran rectificación. Por eso, el sabio Ari"zal enseñó en qué es correcto concentrarse durante la comida, principalmente en el momento de ingerir el primer trozo de pan, después de recitarse la bendición para comer. Pues enseñó: la depuración de los alimentos se realiza a través de los treinta y dos dientes, que están dispuestos en correspondencia con los treinta y dos senderos de sabiduría, que depuran todo. Ya que todo se depura en el pensamiento, y los dientes muelen y desmenuzan el alimento. Y a través de eso se separa el alimento del residuo; tal como un molino, que muele el cereal, y después se separan los residuos y restos del producto bruto, o sea, se separan las cáscaras, de la harina, que es el alimento. Y esto no ocurre antes de ser molido, ya que estaba todo unido.

Ésta es la enseñanza del sabio Ari"zal para concentrarse en el momento de la comida.

TREINTA Y DOS SENDEROS DE SABIDURÍA

Respecto a los treinta y dos senderos de sabiduría mencionados, son los que constan en el libro Sefer Yetzirá, ya que al comienzo de esa obra se enuncia: «Por medio de treinta y dos senderos maravillosos de sabiduría Dios, El Eterno de las Legiones, Dios de Israel, Dios vivo, Soberano del universo, Todopoderoso,

31

Clemente y Misericordioso, Elevado y Exaltado, Morador de la eternidad, cuyo Nombre es santo y supremo, grabó y creó su universo con tres dimensiones: con texto, con número y con habla» (Sefer Ietzirá 1:1).

Texto se refiere a la forma de cada una de las letras, el dibujo específico que las caracteriza y las diferencia de las demás; número, corresponde con el valor numérico de las mismas; y habla se refiere a su pronunciación.

A continuación se manifiesta: «Estos senderos son: las diez emanaciones primordiales –*sefirot*– y las veintidós letras fundamentales» (Sefer Ietzirá 1:2).

Esos treinta y dos senderos de sabiduría están aludidos en los treinta y dos Nombres de Dios que constan en la obra de la Creación, al comienzo del Génesis (Raavad).

La depuración del alimento

Además, el sabio Ari"zal enseñó que es correcto concentrarse en el momento de tragar el alimento triturado por los dientes, ya que en el estómago se completa la depuración. Pues allí se digiere, y lo bueno del alimento se transforma en sangre. Y el nutriente se dirige al hígado, y se expande por todas las arterias y órganos. Y lo malo del alimento desciende a través de los intestinos y sale al exterior.

Pérdida de dientes

Las mencionadas son dos cosas importantes en las cuales se debe concentrar la persona al ingerir el alimento. Y debe saberse que quien ha perdido dientes, y no tiene los treinta y dos completos, que corresponden con los treinta y dos senderos de sabiduría, igualmente puede realizar la rectificación mencionada. Ya que incluso si le quedaron solamente seis dientes, o incluso cuatro, puede realizar la rectificación completa debido a que esos dientes que le quedaron provienen del poder de los treinta y dos senderos de sabiduría (Ben Ish Jai: sección Shlaj).

La gran rectificación

Ahora bien, ya que cuando se recite la bendición final para después de comer pan se realizará una gran rectificación, por tal razón los sabios advirtieron que se deje pan sobre la mesa. Y lo vincularon con este versículo: «No tomarás el Nombre de El Eterno, tu Dios, en vano» (Éxodo 20:7). Es decir, se indica que la mesa no debe estar vacía, sino que debe haber pan sobre la misma cuando se pronuncia el Nombre de Dios, al recitar la bendición final.

Palabras de Torá junto a la mesa

Asimismo, respecto a la rectificación mencionada, que se realiza con la bendición final, se enseñó en el libro Zohar: en la bendición final por la comida existe un modo de elevación supremo. El mismo está relacionado con la bendición que se halla en relación con el saciado. Pues la bendición por la comida es conducida a un lugar supremo en el que hay comida y bebida espiritual. Y de él surge el alimento y la saciedad de lo bajo. Y por eso es necesario mostrar ante él saciedad y alegría. Ya que de ese modo se atraerá más abundancia. Pues Él observará nuestro agradecimiento por todo lo que nos envía, y nos enviará más.

Asimismo, está escrito: «Comerás y te saciarás, y bendecirás a El Eterno, a tu Dios, por la buena Tierra que te dio» (Deuteronomio 8:10). Se indica que se debe bendecir con alegría y estando saciado. Considérese que está escrito: «Por la buena Tierra que te dio». ¿Cuál es la explicación de «buena»? Saciedad. Como está dicho: «Y nos saciamos de pan, y estuvimos bien –lit. fuimos buenos–» (Jeremías 44:17). He aquí que el saciado es considerado bien. Por eso se requiere alegría y saciado. Es decir, se debe recitar la bendición final por la comida con alegría y asimismo estando saciado.

Rabí Ieisa abrió su enseñanza acerca del asunto relacionado con la Mesa del Santuario, y para explicarlo dijo este versículo: «Harás una Mesa de madera de acacia, de dos codos de largo, un codo de ancho y un codo y medio de alto» (Éxodo 25:23). Esta Mesa estaba en el interior del Santuario, y se posaba sobre ella la bendición de lo Alto. Y de ella salía el alimento para todo el mundo. Y esta Mesa no debe estar vacía siquiera por un solo instante, sino que siempre debe haber alimento sobre ella. Pues he aquí que la bendición no se encuentra sobre un lugar vacío. Y por eso debe haber siempre pan sobre ella, para que siempre se encuentre la bendición sobre ella. Y del interior de esa Mesa sale la bendición y el alimento para todas las demás mesas del mundo. Y todas se bendicen por ella.

Asimismo, la mesa de toda persona debe estar así dispuesta, como la del Santuario, con pan sobre ella, cuando se bendice a El Santo, Bendito Sea, por la comida. Esto es así para que se pose sobre ella la bendición de lo Alto. Y no debe verse vacía, pues la bendición de lo Alto no se posa en un lugar vacío. Como está escrito: «Una mujer, de las mujeres de los hijos de los profetas, clamó a Eliseo, diciendo: "Tu siervo mi marido ha muerto; y tú sabes que tu siervo era temeroso de El Eterno; y ha venido el acreedor para tomarse dos hijos míos por siervos". Y Eliseo le dijo: "¿Qué te haré yo? Dime qué tienes en casa". Y ella dijo: "Tu sierva no tiene en su casa más que una vasija de aceite". Él le dijo: "Ve y pide para ti vasijas prestadas de todos tus vecinos, vasijas vacías, no te restrinjas. Después entra y cierra la puerta, quedando en el interior tú y tus hijos; y vierte en todas las vasijas, y cuando una esté llena, ponla aparte". La mujer se retiró de ante su presencia, entró y cerró la puerta, quedando en el interior ella y sus hijos; y ellos le traían las vasijas, y ella echaba del aceite. Aconteció cuando las vasijas estuvieron llenas, que ella dijo a uno de sus hijos: "Tráeme más vasijas". Y él dijo: "¡No hay más vasijas!". Entonces cesó el aceite» (II Reyes 4:1-7).

LAS PALABRAS DE TORÁ

La Torá es el alimento del alma, y al pronunciar palabras de Torá junto a la mesa, la mesa se purifica del alimento terrenal que se comió sobre ella, y también el alma de la persona se purifica de todo placer terrenal y deleite. Pero si no se pronuncian sobre la mesa palabras de Torá, la mesa permanece asociada al materialismo, y asimismo, el alma animal de la persona permanece inclinada hacia el flanco del materialismo y la tentación. Por eso, una mesa sobre la que no se pronunciaron palabras de Torá, acerca de ella está escrito: «Porque todas las mesas –de los ebrios– están llenas de vómito y suciedad, sin lugar –limpio–» (Isaías 28:8). Se refiere a las fuerzas de las impurezas que provienen del Otro Lado, el contrario a la santidad, y llenan la mesa sobre la que no se pronunciaron palabras de Torá. Y por tal razón es prohibido bendecir sobre esa mesa. ¿Por qué? Porque hay mesa y hay mesa, pura e impura.

Mesa pura es aquella que está ordenada ante El Santo, Bendito Sea, en lo Alto. Ya que quien come de ella está siempre dispuesto para pronunciar y ordenar sobre ella palabras de Torá, y para incluir en él las letras de las palabras de la Torá. Ya que esas letras de las palabras de la Torá que el hombre pronuncia se incluyen en él en esa mesa. Y las palabras de Torá que pronunció se convierten en alimento espiritual de la Mesa de lo Alto. Y ella, la Mesa suprema, las colecta y las lleva a ella, y las incluye a todas en su interior. Y con ellas se completa y se alegra. Y en lo Alto hay alegría. Acerca de esta mesa está escrito: «Ésta es la mesa que está ante El Eterno» (Ezequiel 41:22).

Pero hay otra mesa en la que no hay parte de la Torá, pues no se pronunciaron sobre ella palabras de Torá. Y por eso no tiene parte en la santidad de la Torá. Y ésta es la mesa que se denomina: «vómito y suciedad», pues está asociada al Otro Lado. Y a esto se refiere lo que está escrito: «sin lugar» (Isaías 28:8). Es decir, sin la presencia del Omnipresente, El Santo, Bendito Sea, que se denomina Lugar. Pues esa mesa no tiene en absoluto parte en el flanco de la santidad.

Por eso, ya que hay dos mesas, una pura, en correspondencia con el flanco de la santidad, y una impura, en correspondencia con el flanco de la impureza, esta mesa sobre la que no se pronunciaron palabras de Torá es una mesa de vómito y suciedad. Y es la mesa de «otros dioses». Y no hay en esa mesa parte del misterio del Dios supremo.

Una mesa sagrada

Una mesa sobre la cual se pronunciaron palabras de Torá, El Santo, Bendito Sea, toma a esa mesa y la pone en su parte, impidiendo que el Otro Lado, el de la impureza, ejerza dominio sobre ella. Y no sólo eso, sino que el ángel encargado de las palabras de Torá que se pronuncian junto a la mesa, toma todas esas palabras, y dispone la forma de esa mesa ante El Santo, Bendito Sea. Y todas las palabras que se pronunciaron sobre esa mesa de lo bajo ascienden sobre esa Mesa. Y esa Mesa se sitúa como corona ante El Santo, Bendito Sea. Esto surge de lo que está escrito: «Ésta es la mesa que está ante El Eterno» (Ezequiel 41:22). Pues la expresión «ésta» indica que el ángel encargado declara que esa mesa sobre la que se pronunciaron palabras de Torá asciende y se sitúa como corona ante El Santo, Bendito Sea.

Además, la mesa de la persona está preparada para purificarla de todas sus faltas. Por eso, dichoso aquel que estas dos cosas se hallan sobre su mesa: palabras de Torá y parte para los pobres de esa mesa.

El levantado de la mesa

Cuando se levanta esa mesa de delante de la persona, después que terminó de comer, dos ángeles sagrados se presentan allí, uno a la derecha, y uno a la izquierda. El de la derecha por la obra de bien que hizo al dar de lo que había sobre su mesa a los pobres, y el de la izquierda, por las palabras de Torá que pronunció junto a la mesa. Uno de los ángeles dice: «Ésta es la mesa del Rey sagrado, que Zutano ordenó y dispuso ante Él». Y bendice al dueño de esa mesa diciendo: «Esta mesa esté siempre ordenada con bendiciones supremas. Y que El Santo, Bendito Sea, haga posar sobre ella óleo y grandeza supremos».

Y uno de los ángeles, el vinculado a las palabras de Torá que la persona pronunció junto a la mesa, dice: «Ésta es la mesa del Rey sagrado, que Zutano ordenó y dispuso ante Él. Ésta es la mesa que bendecirán los de lo Alto y los de lo bajo. Pues la Torá gobierna en los entes de lo Alto y los de lo bajo. Esta mesa estará ordenada ante el Anciano de Días en este mundo y en el Mundo Venidero». Pues la luz de la Torá asciende a lo Alto hasta que llega al Anciano de Días. Y a esto se refiere el misterio de lo que está escrito: «Estuve mirando hasta que fueron dispuestos Tronos, y se sentó el Anciano de días […]» (Daniel 7:9).

Rabí Aba dio de lo que había sobre su mesa a los pobres al comienzo de la comida, y pronunció palabras de Torá antes de recitar la bendición final para después de comer pan. Y cuando sacaban la mesa de ante él, la cubría por los sobrantes de alimentos que habían quedado sobre ella, y los restos de pan que había sobre la misma. Y decía: «Sacad esta mesa con recato, para que no esté en una situación humillante ante los enviados del Rey».

Una mesa junto a la cual se pronunciaron palabras de Torá reporta cuatro beneficios:

- La mesa de la persona lo torna merecedor del Mundo Venidero.
- Lo torna merecedor de alimento en este mundo.
- Lo torna merecedor de ser conocido para bien ante el Anciano de Días. Pues la Torá que pronunció junto a la mesa llega hasta allí.
- Lo torna merecedor de incrementar poder y grandeza en el lugar que necesita.

Por eso, dichosa la parte de esta persona en este mundo y en el Mundo Venidero (II Zohar 153b y 154a).

VERSÍCULOS JUNTO A LA MESA

He aquí los grandes beneficios de la mesa ordenada con santidad y pureza, y la gran importancia de recitar palabras de Torá durante la comida. Ahora bien, ¿qué ocurre cuando la persona no tiene tiempo para estudiar un tema de Torá junto a la mesa? En ese caso, es posible pronunciar los versículos mencionados en Kitzur Shl"a.

Pues en ese libro está escrito: he hallado escrito en nombre de un gran erudito, que así se acostumbra hacer en Italia, que quien no tiene tiempo de estudiar junto a la mesa, o no puede hacerlo, ha de pronunciar al menos tres versículos del Pentateuco, tres versículos de los Profetas y tres versículos de los Escritos sagrados.

Estos tres versículos del Pentateuco:

«Y El Eterno dijo a Moisés: "He aquí os haré llover pan del Cielo, y el pueblo saldrá, y recogerá diariamente la porción de un día, para que Yo lo pruebe si anda en mi Torá, o no"» (Éxodo 16:4).

«Y serviréis a El Eterno vuestro Dios, y Él bendecirá tu pan y tus aguas; y quitará la enfermedad de en medio de ti» (Éxodo 23:25).

«Él te afligió y te hizo tener hambre, y te sustentó con el maná, que tú no conocías, ni conocieron tus padres, para hacerte saber que no sólo de pan vivirá el hombre, sino de todo lo que sale de la boca de El Eterno vivirá el hombre» (Deuteronomio 8:3).

Éstos tres versículos de los Profetas:

«Ése[5] habitará en las alturas; su lugar de refugio será fortaleza de rocas; se le dará su pan,[6] y se le otorgarán sus aguas con fidelidad» (Isaías 33:16).

«¿Por qué gastáis el dinero en lo que no es pan, y vuestro esfuerzo en lo que no sacia? Oídme atentamente, y comed del bien, y vuestra alma se deleitará con manjares»[7] (Isaías 55:2).

«¿Acaso no compartirás tu pan con el hambriento, y a los pobres desamparados traerás a casa, y cuando veas al desnudo lo cubrirás, y no te ocultarás de tu pariente cercano?» (Isaías 58:7).

Estos tres versículos de los Escritos sagrados:

«El vino alegra el corazón del hombre, el óleo hace resplandecer el rostro, y el pan sacia el corazón del hombre» (Salmos 104:15).

«Ha dado sustento a los que Le temen; para siempre se acordará de Su pacto» (Salmos 111:5).

«Hace justicia a los agraviados, da pan a los hambrientos, El Eterno libera a los cautivos» (Salmos 146:7).

FALTA DE TIEMPO

Ahora bien, ¿qué hace una persona cuando su tiempo es muy escaso?

En ese caso puede proceder tal como se enseñó en el libro Ben Ish Jai, en el apartado referente a las últimas aguas: la persona debe ser cuidadosa en que las últimas aguas con que se lava las manos antes de pronunciar la serie de bendiciones que se recitan después de comer pan, caigan dentro de un recipiente. Pues las últimas aguas son una obligación (Talmud, tratado de Julín 108b).

E incluso –debe lavarse las manos antes de bendecir– si comió pan solamente, ya que las últimas aguas tienen una gran importancia, tal como se enseñó en el Zohar, y en las enseñanzas del sabio Ari"zal, que constan en el compendio Taamei Hamitzvot, en la sección Ekev. Y allí está escrito que en el momento de lavarse con las últimas aguas, junte los cuatro dedos (índice, mayor, anular y meñique), quedando –ese grupo de dedos– por separado, y el dedo pulgar por separado. Y ha de colocar sus dedos en dirección hacia abajo (y verter agua sobre los mismos, cuidando de que esas aguas caigan al interior de un recipiente, y no al suelo, pues contienen impureza).

Ahora bien, en la enseñanza mencionada: «Las últimas aguas son una obligación», hay indicados muchos misterios esenciales relacionados con esa norma. Por eso es importante que antes de que la persona extienda su mano para lavarse con las últimas aguas, pronuncie esta ley: «Las últimas aguas son una obligación». Y he oído de mi sabio padre y maestro, que era costumbre de su padre, o sea, mi abuelo, el sabio Moshé Jaim, pronunciar esta ley antes de lavarse con las últimas aguas. Y a veces se apoyaba en esta ley en lugar de las palabras de Torá que se pronuncian a la mesa, antes de la serie de bendiciones que se recitan después de comer pan. Y lo hacía cuando no tenía tiempo de pronunciar palabras de Torá. Pues esa ley es una enseñanza de la Torá oral, y referirse a un asunto en su momento adecuado es muy bueno (Ben Ish Jai: *Shlaj* 6-7).

VI
PREPARACIÓN PARA LA BENDICIÓN

Cuando se termina de comer, antes de recitar la bendición final, se deben quitar los cuchillos de sobre la mesa. Tal como fue enseñado, que mientras se ingieren los alimentos que hay dispuestos sobre la mesa, debe considerarse que ésta es denominada «Altar». Como se enseñó en el Talmud: aquel que prolonga su estancia sentado a la mesa se adjudica una larga vida. ¿Cuál es la razón? Porque tal vez venga un pobre y le podrá dar de lo que hay servido en su mesa. Como está dicho: «La altura del Altar de madera era de tres codos […]» (Ezequiel 41:22). Y a continuación está escrito: «Y me dijo: "ésta es la mesa que está delante de El Eterno"» (Ibíd.). Se aprecia que el versículo comienza refiriéndose al Altar y culmina con la mesa.

Rabí Iojanán y Rabí Eleazar dijeron: todo el tiempo que el Templo Sagrado está en pie, el Altar expía por Israel. Y ahora, la mesa del hombre expía por él (Talmud, tratado de Berajot 54b).

Por lo tanto, si la persona tiene la intención de dar de lo que tiene servido en su mesa a un pobre, la comida se convierte en un precepto. Y el alma tiene provecho de esa comida. A esto se refiere lo que está escrito: «El justo come para saciar su alma» (Proverbios 13:25). Es decir, cuando come, tiene la intención de realizar un precepto a través de esa comida, para que su alma se sacie del precepto (Reshit Jojmá Kedushá 15:61).

Por esa razón se acostumbra a quitar los cuchillos cuando se recita la bendición final por la comida. Porque los cuchillos están hechos de metal, y con ese mismo material se fabrican armas que acortan la vida de la persona; y no es apropiado que lo que acorta la vida de la persona esté en ese momento sobre la mesa que prolonga la vida de la persona. Asimismo, respecto al Altar fue dicho: «Allí construirás un altar para El Eterno, tu Dios, un altar de piedras; no levantarás hierro sobre ellas» (Deuteronomio 27:5) (Código Legal *Oraj Jaim* 180:5; Mishná Brurá; Beit Iosef).

LAS ÚLTIMAS AGUAS

Además de lo mencionado, antes de recitar la bendición final, se deben lavar los dedos arrojando sobre los mismos agua, que debe caer en un recipiente, y no al suelo. Ya que esas aguas son impuras.

En el Zohar se enseñó esto acerca de las últimas aguas: cuando la serpiente [que es el ente maligno mencionado en el libro de Job, como está escrito: «Ese día vinieron a presentarse delante de El Eterno los –ángeles denominados– hijos de Dios, entre los cuales vino también el Satán [...]» (Job 1:6)] desciende, y desea acusar a los Hijos de Israel, salta sobre los montes, que son los Palacios supremos de los entes de la impureza, hasta que encuentre presa para aferrar con sus uñas y comer. Entonces, cuando halla presa, se acalla su acusación y vuelve su lengua para bien. Es decir, habla bien de los Hijos de Israel.

Bienaventurados los Hijos de Israel que le preparan la presa; es decir, le dan parte de la santidad, como el chivo expiatorio enviado a Azazel,[8] y las últimas aguas con que se lavan las manos antes de recitar la bendición para después de comer pan. Y a través de eso, el ente maligno vuelve a su lugar, pues entra en el agujero del Gran Abismo, y deja de acusar (III Zohar 60b).

También se enseñó en el Zohar: después de que la persona comió y se deleitó, debe dar una parte de los restos al Otro Lado. ¿Y cuál es esa parte? Las últimas aguas que se vierten sobre las manos antes de bendecir. Es decir, le debe dar esa suciedad de las manos, o sea, los restos de alimentos que quedaron pegados a ellas. Pues le debe dar a ese Otro Lado la parte necesaria para él, para que se nutra. Y por eso, ciertamente las últimas aguas que se vierten sobre las manos antes de bendecir son obligatorias.

Son obligatorias porque esas aguas son impuras, y se posan en el Otro Lado, que es un lugar denominado Obligatorio –Jová–. Y es obligatorio que la persona le da esa parte. Pues si no da esa parte que les corresponde a los entes impuros, ellos le perseguirán y le harán daño. Y por eso no se necesita recitar ninguna bendición por las últimas aguas que se vierten sobre las manos antes de recitar la bendición final por la comida. Pues no hay bendición en ese Otro Lado. Y si la persona bendijera, proporcionara abundancia a los entes impuros.

Por tal razón, es necesario que la persona no dé del alimento que está sobre la mesa a ese ente denominado «vómito y suciedad». ¿Y cómo puede ocurrir eso? Por ejemplo si un idólatra come a su mesa, o si la persona come pan sin purificarse las manos, o si se purifica las manos con sus uñas sin cortar y llenas de suciedad por debajo, o si habla necedades junto a la mesa. Y con más razón que debe ser cuidadoso en sentarse a comer con su vientre limpio. Y con más razón que es bueno para la persona y saludable para el cuerpo hacer esto; e incluso si el deseo de deponer es mínimo, debe tratar de evacuar antes de comer. Y por eso la mesa es un lugar para comer con el cuerpo limpio, como hemos dicho.

Lo mencionado, que debe darse una parte de lo que hay sobre la masa a los entes impuros, es así cuando se trata de una mesa de una persona común. Pero no es lo mismo con la Mesa del Templo Sagrado. Pues esa Mesa que había en el Templo Sagrado estaba dispuesta para que hubiera a través de ella sustento de lo Alto, y para sacar de ella alimento para los Hijos de Israel. Y no se daba una parte a los entes impuros en absoluto. Y por eso la mesa no debe estar vacía siquiera por un instante. Pues la mesa del Otro Lado es la mesa de lo vacío. Y no se le debe dar lugar en el lugar santo. Y por eso la Mesa que había en el Templo Sagrado no estaba vacía, sin alimento, siquiera por un instante. Y es necesario que no haya un lugar carente y vacío sobre la Mesa del Templo Sagrado, pues la bendición de lo Alto no se encuentra en un lugar carente y vacío.

Ésta es la Mesa que está ante El Santo, Bendito Sea. Y del mismo modo la mesa de la persona, junto a la cual bendice a El Santo, Bendito Sea, no debe estar vacía. Pues no hay bendición en un lugar vacío (II Zohar 154b).

Por esa razón no se quita el pan de la mesa, tal como dijimos. Y después de lavarse las manos con las últimas aguas, se recita la bendición final para después de comer, a menos que hubieran participado de esa comida tres hombres, que en ese caso se pronuncia previamente la invitación para bendecir.

VII
LA INVITACIÓN PARA BENDECIR

Si participaron de la comida tres hombres, o más, se pronuncia la invitación para bendecir, que se denomina *zimún.*

Éste es un precepto muy importante, y la persona debe esforzarse mucho en tener *zimún*, ya que es transcendental para apartar las fuerzas de la impureza, tal como enseñó el sabio Ari"zal.

Ahora bien, así como es un gran precepto esforzarse en reunir tres varones a la mesa para recitar la invitación para bendecir –*zimún*–, es superlativo esforzarse en que sean diez hombres, con el fin de pronunciar la invitación para bendecir mencionando el Nombre de Dios. Ya que, cuando tres comieron juntos, no se pronuncia el Nombre de Dios en la invitación para bendecir, pero sí se lo hace cuando son diez, o más (véase Ben Ish Jai: *Koraj* 1). Tal como consta en el Talmud (Tratado de Berajot 45a).

Por eso, en el Código Legal se determinó: si los que estaban sentados a la mesa eran tres, deben pronunciar la invitación para bendecir. Es decir, uno de ellos dice: «Bendigamos pues hemos comido de lo de Él». Y ellos responden diciendo: «Bendito sea, pues hemos comido de lo de Él, y vivimos por Su bondad». Y el que pronunció la primera estrofa también dice a continuación: «Bendito sea, pues hemos comido de lo de Él, y vivimos por Su bondad». Y después se pronuncia la serie de bendiciones que se recitan después de comer pan –*Birkat Hamazón*–: «Bendito eres Tú, El Eterno, Dios nuestro, Rey del universo, Quien alimenta al mundo entero con Su benevolencia […]».

Y si son diez, debe mencionarse el Nombre de Dios, pues –el que conduce la invitación para bendecir– dice: «Bendigamos a nuestro Dios, pues hemos comido de lo de Él». Y ellos –los demás comensales– responden diciendo: «Bendito sea nuestro Dios, pues hemos comido de lo de Él, y vivimos por Su bondad». Y el que pronunció la primera estrofa también dice a continuación: «Bendito sea nuestro Dios, pues hemos comido de lo de Él, y vivimos por Su bondad» (Código Legal Shulján Aruj: *Oraj Jaim* 192:1).

La expresión: «Bendigamos a nuestro Dios», sigue a lo que se declara en el versículo que manifiesta: «Bendecid a Dios en las congregaciones» (Salmos 68:27; véase Metzudat David). Y también: «Bendecid, pueblos, a nuestro Dios» (Salmos 66:8)[9] (Ben Ish Jai: *Koraj* 1).

Referencia de la invitación

La invitación para bendecir está indicada en el versículo que declara: «Engrandeced a El Eterno conmigo, y exaltemos Su Nombre conjuntamente» (Salmos 34:4). De este versículo surge que uno dice a al menos otros dos: «Engrandeced [...]».

Y también se aprende de lo que está escrito: «Porque proclamaré el Nombre de El Eterno; disponeos y engrandeced a nuestro Dios» (Deuteronomio 32:3) (Mishná Berurá en el Código Legal *Oraj Jaim* 192:1).

La copa de vino

Cuando tres hombres comieron juntos, además de pronunciar la invitación para bendecir, es apropiado pronunciar la serie de bendiciones que se recitan después de comer pan sobre una copa de vino. Pero si un hombre comió solo, sin la compañía de otros, no se recitan las bendiciones sobre una copa de vino (Ben Ish Jai: *Shlaj* 16).

LARGA VIDA Y SALVACIÓN

En el Zohar se enseñó: aquel que bendice pronunciando la serie de bendiciones que se recitan al finalizar la comida sobre un vaso de vino, con un grupo de tres hombres, toma la bendición antes que todos los que responden detrás de él. Y se bendice con la serie de bendiciones que se recitan al finalizar la comida, ya que recibe la afluencia de la abundancia que se proyecta a través de las mismas, y por eso tendrá larga vida.

Además, está escrito acerca del que toma el vaso de la bendición y bendice: «Alzaré el vaso de las salvaciones» (Salmos 116:13). ¿Cuál es el flanco aludido en «las salvaciones»? El flanco de la derecha, que es el flanco de la bondad –*jesed*–, y salva de todos los acusadores del mundo. Como está escrito: «Lo salvará su derecha» (Salmos 98:1). Y está escrito: «Salva con tu derecha, y respóndeme» (Salmos 60:7). He aquí que la salvación se vincula con la derecha (II Zohar 169a).

EL TOMADO DE LA COPA

Ya que es tan importante bendecir sobre una copa de vino, veremos cómo se debe proceder correctamente con el tomado de la copa para atraer apropiadamente la energía de lo Alto: es correcto que otro hombre entregue la copa a quien pronunciará la invitación para bendecir. Y el que entrega la copa debe sujetarla con ambas manos. Y el que la recibe debe hacerlo también con ambas manos.

Después de recibir la copa con ambas manos, la sujeta sólo con la mano derecha, y pronuncia este versículo: «Ésta es la mesa que está ante El Eterno» (Ezequiel 41:22). Y después comienza a pronunciar la invitación para bendecir.

Además, es una costumbre de personas piadosas –*jasidim*– que cuando se pronuncia la serie de bendiciones que se recitan después de comer pan sobre una copa de vino, el pan esté sobre la mesa del lado izquierdo de quien recita la bendición. Esto es así para que la copa de la bendición esté a su derecha, y el pan a su izquierda (Ben Ish Jai: *Shlaj* 16-17).

VIII
EL ORIGEN DE LA BENDICIÓN FINAL

Ahora explicaremos lo concerniente a la serie de bendiciones que se recitan después de comer pan –*Birkat Hamazón*–. En el Talmud se enseñó que bendecir después de comer pan es un precepto bíblico, como está escrito: «Comerás y te saciarás, y bendecirás a El Eterno, tu Dios, por la Tierra buena que te dio» (Deuteronomio 8:10).

Y fue estudiado: lo que está escrito: «y bendecirás», alude a la primera bendición de la serie de bendiciones que se recitan después de comer pan: «Bendito eres Tú, El Eterno, Dios nuestro, Rey del universo, Quien alimenta al mundo entero con Su benevolencia [...]». Lo que está escrito: «a El Eterno, tu Dios», se refiere a la invitación para bendecir cuando comen juntos tres o más hombres. Lo que está escrito: «por la Tierra», alude a la segunda bendición de la serie de bendiciones que se recitan después de comer pan «El Eterno, Dios nuestro, Te agradecemos porque has dado en heredad a nuestros ancestros una tierra deseable, buena y amplia [...]». Lo que está escrito: «buena», alude a la tercera bendición de la serie de bendiciones que se recitan después de comer pan: «Y reconstruye a Jerusalén, la ciudad sagrada, pronto en nuestros días [...]». Lo que está escrito: «que te dio», alude a la cuarta bendición de la serie de bendiciones que se recitan después de comer pan: «Bendito eres Tú, El Eterno, Dios nuestro, Rey del universo, El Poderoso, nuestro Padre, nuestro Rey, nuestro Soberano, nuestro Creador; nuestro Redentor, nuestro Formador, nuestro Santo, el Santo de Jacob, nuestro Pastor, el Pastor de Israel, el Rey bueno y bondadoso con todos [...]» (Talmud, tratado de Berajot 48b).

Esas bendiciones están aludidas en el texto bíblico, pero el texto de las mismas fue establecido en el momento apropiado por cuatro hombres importantes de los Hijos de Israel. Como se enseñó en el Talmud:

Moshé estableció para los Hijos de Israel la primera bendición de la serie de bendiciones que se recitan después de comer pan cuando descendió el maná.

Josué estableció para ellos la segunda bendición de la serie de bendiciones que se recitan después de comer pan cuando entraron a la Tierra de Israel.

David y Salomón establecieron la tercera bendición de la serie de bendiciones que se recitan después de comer pan: «reconstruye a Jerusalén». David, que conquistó Jerusalén, estableció el comienzo de la bendición: «El Eterno, Dios nuestro, ten misericordia de Tu pueblo Israel, y de Tu ciudad, Jerusalén [...]».

David estableció que se orara por la paz de Jerusalén, la ciudad que Dios eligió en sus días. Pues en la Torá está escrito: «Solamente en el lugar al que El Eterno, tu Dios, ha de elegir de entre todas vuestras tribus para colocar Su Nombre allí, buscaréis Su Presencia y vendréis allí. Y allí traeréis vuestras ofrendas ígneas y ofrendas festivas, vuestros diezmos [...]» (Deuteronomio 12:6-7). Y no dice cuál es esa ciudad, y en los días de David fue elegida Jerusalén, de entre todas las ciudades de Israel (Abudarham).

Y Salomón, que edificó el Templo, estableció la continuación de la bendición: «y de la Casa grande y sagrada que fue llamada a Tu Nombre [...]».

La cuarta bendición de la serie de bendiciones que se recitan después de comer: «Bueno y Bondadoso», fue establecida en Iavne, en correspondencia con los muertos de Beitar. Pues Rav Amuna dijo: «ése día que los muertos de Beitar fueron enterrados, fue establecida en Iavne la bendición: "Bueno y Bondadoso". "Bueno", porque los cuerpos no hedieron. Y "Bondadoso", porque les fue dada sepultura» (Talmud, tratado de Berajot 48b).

La causa de la cuarta bendición

Ésta es la historia de los muertos de Beitar: este hecho ocurrió en la época en que tenían lugar las guerras de Bar Cojba contra los romanos. Maimónides señaló: cuando la ciudad de Beitar fue conquistada, era habitada por decenas de miles de miembros de Israel, los cuales eran gobernados por un gran rey. A los pobladores, y también a los sabios, les pareció que se trataba del rey Mesías. Pero cayó en manos de los romanos y fueron todos asesinados. Como consecuencia de la tragedia, sobrevino una aflicción tan grande como la que tuvo lugar en la época de la destrucción del Templo Sagrado (Maimónides, leyes de ayunos 5:3).

Y en el Midrash se enseñó: dijo Rabán Gamliel: en la ciudad de Beitar había quinientos colegios en los que se estudiaba Torá. Y el más pequeño tenía trescientos alumnos (Midrash Eija Raba 2:4). Y los hombres capacitados en diversas profesiones que moraban en la ciudad eran seis millones. Y los romanos del reino de Adriano derramaron la sangre de ellos, matándolos a todos, también a mujeres y niños. Y el rey ordenó no darles sepultura.

Fuera de la ciudad había un gran campo, de un anchor de doce medidas *mil* –o sea, unos doce kilómetros–. Y contornearon el campo con los muertos de los Hijos de Israel, disponiendo los cadáveres unos sobre otros. Y los cuerpos estuvieron allí durante veinticinco años, hasta que ese rey murió, y no se descompusieron.

Cuando ese rey murió, lo sucedió otro, y ordenó darles sepultura. Y todos los del pueblo que estaban en la ciudad fueron a darles sepultura, y los enterraron allí, en el campo. Ese día se estableció la bendición: «Bueno y Bondadoso». «Bueno», porque los cuerpos no se descompusieron, y «Bondadoso», porque fueron sepultados (Kol Bo).

Y si bien las cuatro bendiciones de la serie de bendiciones que se recitan después de comer pan, están aludidas en la Torá, como dijimos previamente, considerando que la cuarta bendición fue establecida en Beitar, es ésta una bendición por prescripción rabínica. Resulta que en la serie de bendiciones que se recitan después de comer pan hay tres bendiciones por prescripción de la Torá, y una bendición por prescripción rabínica.

Una enseñanza del Zohar

Esto se enseña en el Zohar acerca de la bendición final para después de comer pan: la primera bendición del grupo de bendiciones que se recitan para después de comer se denomina «bendición de la derecha», pues está asociada al misterio del flanco cósmico de la derecha, que es el flanco de la bondad y el amor. Pero la izquierda no está asociada a las bendiciones que se recitan después de comer. Y por eso la mano izquierda no ayuda a la derecha para sostener el vaso de la bendición.

En la segunda bendición de la serie de bendiciones que se recitan después de comer, se agradece a El Eterno: «El Eterno, Dios nuestro, Te agradecemos porque has dado en heredad a nuestros ancestros una tierra deseable, buena y amplia [...]. Y el agradecimiento está relacionado con el flanco cósmico de la derecha. Por eso se agradece a través de ese flanco. Y se agradece a El Santo, Bendito Sea, a través del flanco de la derecha, por los milagros que nos fueron hechos a través de ese flanco. Y el grupo de bendiciones que se recitan después de comer está asociado al flanco de la derecha. Y ésta es la expansión de la benevolencia, que se expande a la Tierra de la Vida.

Ahora bien, ¿por qué no hay en la segunda bendición de la serie de bendiciones que se recitan al finalizar la comida mención del flanco de la izquierda, que es el flanco del rigor? Porque en la comida de los Hijos de Israel no hay parte para el Otro Lado, el de la impureza. Y si se despertara la izquierda, el Otro Lado se despertaría con ella.

Debe considerarse que Esaú está vinculado con el flanco de la izquierda, con el misterio del ministro principal de ese flanco, y él vendió su primogenitura y su parte a Jacob. Como está escrito: «Jacob dijo: "Véndeme este día tu primogenitura". Y Esaú dijo: "Si al fin terminaré muriendo, ¿de qué me sirve la primogenitura?". Dijo Jacob: "Júrame este día". Él le juró y le vendió su primogenitura a Jacob» (Génesis 25:31-33). Y he aquí que nosotros le damos su parte a ese acusador con la inmundicia de las aguas finales con que se lavan las manos antes de pronunciar la serie de bendiciones que se recitan al finalizar la comida. Y si no hay inmundicia en las manos, he aquí que su parte, la de ese Otro Lado, es ese alimento con el que se ensuciaron las manos, que se asemeja a la inmundicia. Y por eso no tiene parte con nosotros. Y debido a que no tiene parte con nosotros, pues ya tomó su parte de la inmundicia de las aguas finales, por eso no debemos despertar la izquierda en absoluto al pronunciar la serie de bendiciones que se recitan al finalizar la comida, para no despertar al acusador, y que no tome dos partes, como un primogénito, una en lo bajo, la de las aguas finales, y una en lo Alto, la asociada a su enraizado original en la santidad. Pues él vendió su primogenitura a nuestro patriarca Jacob, y no tiene más parte ni raíz en la santidad. Por eso su parte está en lo bajo, asociada al misterio del Otro Lado, y no tiene nada en lo Alto, en la santidad. Pues los Hijos de Israel tomaron su parte en lo Alto, en la santidad, y Esaú tomó su parte en lo bajo, la parte del Otro Lado. Por eso no debe acercarse el flanco de la izquierda en absoluto en la serie de bendiciones que se recitan al finalizar la comida.

La tercera bendición

Ahora veremos lo concerniente a la relación suprema de la tercera bendición, y también la cuarta, de la serie de bendiciones que se recitan al finalizar la comida: ya que esta Tierra de la Vida fue bendecida del flanco de la derecha, y recibió de ella nutriente, en la segunda bendición, entonces ahora, debe pedirse misericordia por todos. Y por eso decimos: «Apiádate El Eterno, Dios nuestro, de Israel, tu pueblo, y de Jerusalén, tu ciudad [...]». Es decir, en la tercera bendición se pide clemencia por todos los Hijos de Israel, para que de ese nutriente y sustento de la Tierra de la Vida, seamos merecedores también nosotros por ella. Pues a través de la tercera bendición de la serie de bendiciones que se recitan al finalizar la comida, la bendición de la abundancia se proyecta a los entes de lo bajo. Por eso se menciona en la misma: «Apiádate El Eterno, Dios nuestro, de Israel, tu pueblo [...]». Y se pide por el Templo Sagrado, implorándose que se reconstruya el Templo Sagrado en lo bajo con esa misericordia de lo Alto.

Cuarta bendición

La cuarta bendición de la serie de bendiciones que se recitan al finalizar la comida está vinculada con la emanación cósmica denominada Iesod, que se corresponde con el misterio del miembro de la procreación. Y con el misterio de la misma se corresponde lo que decimos en la plegaria de las dieciocho bendiciones, denominada Amidá: «Establece la paz —*sim shalom*—», en la bendición en la que se declara: «Él hace la paz en las Alturas; Él con su misericordia haga la paz con nosotros». Y en la cuarta bendición de la serie de bendiciones que se recitan al finalizar la comida se dice: «El que es bueno —*tov*— y bondadoso», para indicar que todo viene del flanco de la derecha, que es el flanco de la bondad, y nada en absoluto viene del flanco de la izquierda, el asociado al rigor (II Zohar 169a).

IX
BASE ESTRUCTURAL
DE LAS BENDICIONES

A continuación observaremos un asunto sumamente importante, detalles transcendentales de la estructura de las bendiciones que integran el *Birkat Hamazón.*

ESTRUCTURA DE LA PRIMERA BENDICIÓN

La primera bendición comienza así: «Bendito eres Tú, El Eterno, Dios nuestro, Rey del universo, Quien alimenta al mundo entero con Su benevolencia, con gracia, bondad y misericordia».

La expresión: «Quien alimenta» está fundamentada en el versículo que declara: «A su padre esto: diez asnos cargados de lo mejor de Egipto, y diez asnas cargadas de grano, pan y alimento, para su padre en el camino» (Génesis 45:23).

La expresión: «al mundo entero», está fundamentada en el versículo que declara: «Él proporciona alimento a todos los seres vivientes» (Salmos 136:25).

La expresión: «con Su benevolencia», está fundamentada en el versículo que declara: «Y tomaron ciudades fortificadas y tierra fértil, y heredaron casas llenas de todo bien, cisternas realizadas, viñas y olivares, y multitud de árboles frutales; comieron, se saciaron, y se deleitaron con Tu gran benevolencia» (Nehemías 9:25).

La expresión: «con gracia», está fundamentada en el versículo que declara: «Y le respondió: "Yo haré pasar todo mi bien delante de tu rostro, y proclamaré el Nombre de El Eterno delante de ti; y agraciaré a quien agraciaré, y tendré misericordia de quien tendré misericordia"» (Éxodo 33:19).

La expresión: «bondad», está fundamentada en el versículo que declara: «Alabad a El Eterno, porque es bueno; pues eterna es Su bondad» (Salmos 136:1).

La expresión: «y misericordia», está fundamentada en el versículo que declara: «Bueno es El Eterno para con todos, y sus misericordias sobre todas sus obras» (Salmos 145:9).

La gran bondad

A continuación se menciona en la primera bendición del *Birkat Hamazón* esta declaración:

«Él proporciona alimento a todos los seres vivientes, porque Su bondad es eterna. Y por Su gran bondad nunca nos faltó alimento ni nos faltará jamás. Por Su gran Nombre, pues Él es El Dios que alimenta y sustenta a todos, y beneficia a todos, y dispone alimento para todas las criaturas que creó».

La expresión: «Él proporciona alimento a todos los seres vivientes, porque Su bondad es eterna» es un versículo del libro de los Salmos (Salmos 136:25).

La expresión: «Y por Su gran bondad nunca nos faltó alimento», está fundamentada en el versículo que declara: «Los sustentaste cuarenta años en el desierto, no les faltó nada; sus vestidos no se envejecieron, ni se hincharon sus pies» (Nehemías 9:21).

La expresión: «ni nos faltará jamás», es una solicitud basada en el versículo que declara: «Y no le faltará su alimento» (Isaías 51:14).

La expresión: «Por Su gran Nombre», está fundamentada en el versículo que declara: «Porque El Eterno no desamparará a su pueblo, por Su gran Nombre; pues El Eterno ha deseado haceros un pueblo para Él» (I Samuel 12:22).

La expresión: «Pues Él es El Dios que alimenta y sustenta a todos [...]», está estructurada sobre la base de lo mencionado previamente.

EL FINAL DE LA PRIMERA BENDICIÓN

La primera bendición del *Birkat Hamazón* culmina con esta manifestación: «Bendito eres Tú, El Eterno, que alimenta a todos». Esta declaración está fundamentada en el versículo que declara: «Los ojos de todos esperan en Ti, y Tú les das su alimento a su tiempo» (Salmos 145:16).

ESTRUCTURA DE LA SEGUNDA BENDICIÓN

La segunda bendición del *Birkat Hamazón* comienza así: «El Eterno, Dios nuestro, Te agradecemos porque has dado en heredad a nuestros ancestros una tierra deseable, buena y amplia; y porque Tú, El Eterno, Dios nuestro, nos has sacado de la tierra de Egipto, y nos has redimido de una casa de esclavos».

Se denomina a la Tierra de Israel: «tierra deseable», y «heredad», sobre la base de lo que está escrito: «Y te daré una tierra deseable, una magnífica heredad» (Jeremías 3:19).

La expresión: «buena y amplia», está fundamentada en el versículo que declara: «Y dije: "Yo os sacaré de la aflicción de Egipto a la tierra del cananeo, del jeteo, del amorreo, del ferezeo, del jeveo y del jebuseo, a una tierra que fluye leche y miel"» (Éxodo 3:17).

EL PACTO DE LA CIRCUNCISIÓN

A continuación se menciona en la segunda bendición del *Birkat Hamazón* esta declaración: «Y por Tu Pacto que has sellado en nuestra carne», en referencia al pacto de la circuncisión, como está escrito: «Éste es Mi pacto, que guardaréis entre Yo y vosotros y tu descendencia después de ti: será circuncidado todo varón de entre vosotros. Circuncidaréis la carne de vuestro prepucio, y será por señal del pacto entre Yo y vosotros. Y de edad de ocho días será circuncidado todo varón entre vosotros por vuestras generaciones» (Génesis 17:10-12).

Después se menciona en la segunda bendición: la Torá, la vida y el alimento. Éste es el texto que pronuncian las comunidades ashkenazitas, según recibieron por tradición ancestral: «y por Tu Torá que nos has enseñado, y por Tus leyes que nos hiciste saber, y por la vida, la gracia, y la bondad con que nos has agraciado, y por el alimento nutriente con que nos alimentas y sustentas siempre, cada día, y en todo momento y a toda hora». Y éste es el texto que pronuncian las comunidades sefaraditas, según recibieron por tradición ancestral: «El Eterno, Dios nuestro, Te agradecemos porque has dado en heredad a nuestros ancestros una tierra deseable, buena y amplia; el Pacto, la Torá, vida, y alimento». Se menciona la vida junto al alimento porque uno depende del otro, ya que es imposible vivir sin alimento.

LA ALABANZA DE LA TIERRA DE ISRAEL

Fue estudiado: dijo Rabí Eliezer: todo el que no menciona en la bendición por la Tierra de Israel: «una tierra deseable, buena y amplia» no cumple con el precepto de esta bendición. Ya que los profetas denominaron a la Tierra de Israel de ese modo en varios lugares, y nosotros debemos narrar la alabanza de la Tierra de Israel, para que las personas la deseen. Y la razón por la que no se requirió mencionar: «una tierra que fluye leche y miel», se debe a que no toda la tierra es así, sino determinados lugares de la misma. Y todo el que no menciona «el Pacto, la Torá», en la bendición por la Tierra, no cumple con el precepto de esta bendición.

El Rabí Asher Milonil explicó la razón: si no fuera por el pacto y la Torá, los Cielos y la Tierra no podrían mantenerse, como está escrito: «Si no permanece Mi pacto con el día y la noche, no he puesto las leyes de los Cielos y la Tierra» (Jeremías 33:25). El pacto mencionado en este versículo se refiere a la Torá, como está escrito: «Las pronunciarás –a las palabras de la Torá esforzándote en ella– de día y de noche» (Josué 1:8). Y «Mi pacto», también en forma textual, como está escrito: «Mi pacto […], no he puesto las leyes de los Cielos y la Tierra». Es decir, la Tierra no existiría. Y si el mundo no existiera, no les hubiese sido dada la tierra de Israel.

También se explicó de este modo: porque por el pacto –de la circuncisión– y la Torá merecieron la heredad de la Tierra de Israel. Pues acerca del pacto –de la circuncisión– está escrito: «Y te daré a ti, y a tu descendencia después de ti, la tierra en que habitas, toda la tierra de Canaán en heredad perpetua» (Génesis 17:8). Y acerca de la Torá está escrito: «A todo el precepto que Yo te ordeno hoy lo guardaréis para cumplirlo, para que podáis vivir y multiplicaros, y vengáis y heredéis la Tierra que El Eterno juró a vuestros antepasados» (Deuteronomio 8:1). Y está escrito: «Y les dio las tierras de las naciones, y heredaron la obra de los pueblos» (Salmos 108:44). Y debe mencionarse el pacto de la circuncisión antes que la Torá, porque la Torá fue dada mediante tres pactos, y la circuncisión fue dada mediante trece pactos.

La Torá fue dada mediante tres pactos, como está dicho: «Éstas son las palabras del pacto que El Eterno le ordenó a Moshé estableciera con los Hijos de Israel en la tierra de Moab, además del pacto que había establecido con ellos en Jorev» (Deuteronomio 28:69). Y está escrito: «Para que entréis en el pacto de El Eterno, tu Dios, y en Su juramento que El Eterno, tu Dios, establece hoy contigo» (Deuteronomio 29:11). He aquí tres pactos. Y la circuncisión fue dada a través de trece pactos, tal como se menciona en la sección que describe el pacto de la circuncisión, cuando le fue dado a Abraham, como está escrito:

«Abram era de edad de noventa y nueve años, y El Eterno se le apareció a Abram y le dijo: "Yo soy El Todopoderoso; anda ante Mí y sé íntegro. Y estableceré Mi pacto entre Yo y tú, y te multiplicaré en gran manera". Abram se postró sobre su rostro, y Dios habló con él diciendo: "He aquí Yo establezco Mi pacto contigo, y serás el padre de una multitud de naciones. Tu nombre ya no será Abram, sino que Abraham será tu nombre, pues te he puesto por padre –ab– de una multitud de naciones. Te multiplicaré en gran manera y haré naciones de ti; y de ti descenderán reyes. Y Yo estableceré mi pacto contigo y con tu descendencia después de ti, por todas sus generaciones, por pacto perpetuo, para ser Dios para ti y para tu descendencia después de ti. Y te daré a ti y a tu descendencia después de ti la tierra en la que habitas, toda la tierra de Canaán, en posesión eterna; y seré El Dios de ellos". Dios le dijo a Abraham: "Y tú guardarás Mi pacto; tú y tu descendencia después de ti por todas las generaciones. Éste es Mi pacto que guardarán entre Yo y vosotros y tu descendencia después de ti: todo varón de entre vosotros será circuncidado. Cortarán la carne del prepucio de ellos, y ésa será la señal del pacto entre Yo y vosotros. A la edad de ocho días será circuncidado todo varón de entre vosotros por todas vuestras generaciones; tanto el nacido en vuestra casa como el comprado de un extraño con dinero, el cual no es de tu simiente. Ciertamente será circuncidado el nacido en tu casa o el que sea comprado con dinero; y Mi pacto estará en vuestra carne como pacto eterno. Y el varón incircunciso que no corte la carne de su prepucio, esa alma será tronchada de su pueblo, pues ha violado Mi pacto. Y Dios le dijo a Abraham: "A Sarai tu mujer no la llamarás Sarai, pues Sara será su nombre. Y la bendeciré, y también te daré de ella hijo; y la bendeciré y vendrá a ser madre de multitudes; reyes de pueblos saldrán de ella". Y Abraham se postró sobre su rostro y rio; y dijo en su corazón: ¿Acaso a hombre de cien años ha de nacer hijo? ¿Y acaso Sara, de noventa años, ha de concebir?". Y Abraham le dijo a Dios:

"¡Ojalá que Ismael viva ante Ti!". Dios dijo: "Sin embargo Sara, tu mujer, te dará un hijo y lo llamarás Itzjak; y Yo cumpliré Mi pacto con él como pacto eterno para su descendencia después de él. Y respecto a Ismael, te he oído; he aquí que lo he bendecido, lo fructificaré, y lo multiplicaré en gran manera; engendrará doce príncipes y lo convertiré en una gran nación. Mas yo estableceré Mi pacto con Itzjak, a quien Sara te dará a luz por este tiempo el año que viene". Y acabó de hablar con él; y Dios ascendió de ante Abraham» (Génesis 17:1-22). En esta sección se menciona trece veces la palabra «pacto», en alusión a los trece pactos de la circuncisión.

EL AGRADECIMIENTO

Asimismo, debe agradecerse al comienzo y al final de la segunda bendición (véase Talmud, tratado de Berajot 49a). Por eso, al comienzo se declara: «El Eterno, Dios nuestro, Te agradecemos porque has dado en heredad a nuestros ancestros una tierra deseable, buena y amplia […]». Y al final se declara: «Y por todo esto, El Eterno, Dios nuestro, nosotros Te agradecemos y Te bendecimos […]».

El agradecimiento de esta bendición es sumamente importante, ya que si la persona no agradeciera es como si no quisiera alabar a El Santo, Bendito Sea, por habernos sacado de la Tierra de Egipto. A esto se refiere lo que está escrito: «Guardarás el mes de la primavera y realizarás la ofrenda de Pesaj para El Eterno, tu Dios, pues en el mes de la primavera, El Eterno, tu Dios, te sacó de Egipto en la noche. Sacrificarás la ofrenda de Pesaj a El Eterno, tu Dios, de las ovejas, y de las vacas, en el lugar que El Eterno escogiere para que habite allí su Nombre. No comerás pan leudado con ella; durante siete días comerás pan ácimo, el pan de la aflicción, pues te fuiste de la tierra de Egipto con prisa, para que todos los días de tu vida te acuerdes del día en que saliste de la tierra de Egipto» (Deuteronomio 16:1-3). Y está escrito: «No por ser vosotros los más numerosos entre todos los pueblos os ha querido El Eterno y os ha escogido, pues vosotros sois los menos numerosos de entre todos los pueblos. Sino, que a causa de Su amor hacia vosotros, y por cuidar el juramento que juró a vuestros padres, El Eterno os sacó con mano fuerte y os redimió de la casa de la esclavitud, de la mano del Faraón, rey de Egipto» (Deuteronomio 7:7-8).

AGREGADO DE JANUCA Y PURIM

En Januca y en Purim se agrega en la segunda bendición del *Birkat Hamazón* una alabanza especial. La misma fue incluida en esta bendición por ser también una declaración de agradecimiento.

En ambas ocasiones primeramente se menciona este párrafo: «Y –te agradecemos– por los milagros, y por la redención, y por los actos de poder, y por las salvaciones, y por las batallas, que has realizado a nuestros ancestros en aquellos días en esta fecha».

A continuación, en Januca se recita una declaración de agradecimiento relacionada con esa celebración, y en Purim se recita una declaración de agradecimiento relacionada con esa celebración.

Esto se agrega en Januca: «En los días de Matitiahu, hijo de Yojanán el sumo sacerdote jashmonita y sus hijos, cuando se levantó el perverso reino helénico contra Tu pueblo Israel para hacerles olvidar Tu Torá y apartarlos de los decretos de Tu voluntad, y Tú, con Tus abundantes misericordias, Te levantaste por ellos en el momento de su aflicción; libraste sus batallas, juzgaste el juicio de ellos, vengaste la venganza de ellos, entregaste a fuertes en manos de débiles, a muchos en manos de pocos, a impuros en manos de puros, a malvados en manos de justos, y a pecadores deliberados en manos de quienes se ocupaban de –estudiar y cumplir– Tu Torá. Y has hecho un Nombre grande y santo para Ti en Tu mundo, y para Tu pueblo Israel realizaste una gran salvación y redención hasta este día. Y después Tus hijos entraron al Lugar de Tu Casa, limpiaron Tu Templo, purificaron Tu Santuario, encendieron luminarias en Tus sagrados atrios, y establecieron estos ocho días de Januca para agradecer y alabar Tu gran Nombre».

Esto se agrega en Purim: «En los días de Mordejai y Ester, en la capital Shushán, cuando se levantó contra ellos el malvado Hamán, solicitó destruir, asesinar y aniquilar a todos los judíos, desde el joven hasta el anciano, niños y mujeres, en un día, el trece del mes duodécimo, que es el mes Adar, y saquear su botín. Y Tú, con tus abundantes misericordias anulaste su idea, frustraste su pensamiento, y le hiciste volver sobre su cabeza la acción que planeaba, y lo colgaron a él y a sus hijos en el palo».

AGRADECIMIENTO POR TODO

Después se declara en la segunda bendición del *Birkat Hamazón*: «Y por todo esto, El Eterno, Dios nuestro, nosotros Te agradecemos y Te bendecimos». Es decir: Te agradecemos y Te bendecimos por todas esas bondades que hemos mencionado previamente en esta bendición. A esto se refiere lo que está escrito: «Ciertamente los justos alabarán Tu Nombre; los rectos morarán en Tu presencia» (Salmos 140:14).

ESTRUCTURA DE LA TERCERA BENDICIÓN

La tercera bendición del *Birkat Hamazón* comienza con estas palabras: «El Eterno, Dios nuestro, ten misericordia de Tu pueblo Israel, y de Tu ciudad, Jerusalén; y del monte de Tzión, la morada de Tu Gloria; y del reino de la casa de David Tu ungido, y de la Casa grande y sagrada que fue llamada a Tu Nombre […]».

La expresión: «El Eterno, Dios nuestro, ten misericordia» está fundamentada en el versículo que declara: «Ofreced alabanzas, Cielos, y alégrate, tierra; y prorrumpid en alabanzas, montes; porque El Eterno ha consolado a su pueblo, y tendrá misericordia de sus afligidos» (Isaías 49:13). Y está escrito: «Como el padre es misericordioso con los hijos, El Eterno es misericordioso con los que le temen» (Salmos 103:13).

La expresión: «de Tu pueblo Israel», está fundamentada en el versículo que declara: «Por tanto, así ha dicho El Señor, Dios: "Ahora volveré la cautividad de Jacob, y tendré misericordia de toda la casa de Israel, y celaré Mi santo Nombre"» (Ezequiel 39:25).

La expresión: «y de Tu ciudad, Jerusalén», está fundamentada en el versículo que declara: «El ángel de El Eterno respondió y dijo: "El Eterno de los ejércitos, ¿hasta cuándo no tendrás misericordia de Jerusalén, y de las ciudades de Judá, con las cuales has estado airado durante setenta años?"» (Zacarías 1:12).

La expresión: «Tu ciudad», está fundamentada en el versículo que declara: «Así dice El Eterno: "He restaurado a Tzión, y moraré en medio de Jerusalén; y Jerusalén se llamará Ciudad de la Verdad, y el monte de El Eterno de los ejércitos, Monte de Santidad"» (Zacarías 8:3).

La expresión: «y del monte de Tzión, la morada de Tu Gloria», está fundamentada en el versículo que declara: «Te levantarás y tendrás misericordia de Tzión» (Salmos 102:14)

La expresión: «la morada», está fundamentada en el versículo que declara: «Y conoceréis que Yo soy El Eterno, vuestro Dios, que moro en Tzión, Mi santo monte; y Jerusalén será santa, y extraños no pasarán más por ella» (Joel 4:17).

La expresión: «de Tu Gloria», está fundamentada en el versículo que declara: «Trono de gloria, excelso desde el principio, es el lugar de nuestro Santuario» (Jeremías 17:12).

La expresión: «Y de la Casa grande y sagrada que fue llamada a Tu Nombre», está fundamentada en el versículo que declara: «Y ahora he elegido y santificado esta Casa, para que esté en ella mi Nombre para siempre; y mis ojos y mi corazón estarán allí para siempre» (II Crónicas 7:16). Y está escrito: «Será más grande que la primera la gloria postrera de esta Casa, ha dicho El Eterno de los ejércitos; y otorgaré paz en este lugar, dice El Eterno de los ejércitos» (Hageo 2:9).

Nuestro Padre y Pastor

A continuación se menciona en la tercera bendición del *Birkat Hamazón*: «Dios nuestro, Padre nuestro, Pastor nuestro, aliméntanos, susténtanos, provéenos de nuestras necesidades con abundancia, y líbranos pronto El Eterno, Dios nuestro, de todas nuestras aflicciones».

La expresión: «Pastor nuestro», está fundamentada en el versículo que declara: «Pastor de Israel, escucha» (Salmos 80:2).

La expresión: «susténtanos», está fundamentada en el versículo que declara: «Los sustentastes cuarenta años en el desierto, no les faltó nada; sus vestidos no se envejecieron, ni se hincharon sus pies» (Nehemías 9:21).

La expresión: «provéenos de nuestras necesidades con abundancia, y líbranos pronto El Eterno, Dios nuestro, de todas nuestras aflicciones»», está fundamentada en el versículo que declara: «Abundancia y salvación habrá para los judíos» (Ester 4:14).

La mano abierta suprema

Después se recita en la tercera bendición del *Birkat Hamazón*, esta declaración: «Y por favor, El Eterno, Dios nuestro, no nos hagas tener necesidad de dádivas de seres humanos, ni préstamos de ellos, sino sólo de Tu mano llena, abierta, sagrada y amplia, para que no seamos jamás avergonzados ni humillados».

La expresión: «no nos hagas tener necesidad de dádivas de seres humanos», está fundamentada en el versículo que declara: «El que aborrece los presentes vivirá» (Proverbios 15:27).

Reconstrucción de Jerusalén

Después se menciona esta declaración: «Y reconstruye a Jerusalén, la ciudad sagrada, pronto en nuestros días. Bendito eres Tú, El Eterno, que con Sus misericordias reconstruye a Jerusalén».

La expresión: «y reconstruye a Jerusalén, la ciudad sagrada», está fundamentada en el versículo que declara: «Los ministros del pueblo moraron en Jerusalén; y el resto del pueblo echó suertes para traer uno de cada diez para que morase en Jerusalén, la ciudad sagrada, y las otras nueve partes en las otras ciudades» (Nehemías 11:1).

La expresión: «Bendito eres Tú, El Eterno, que con Sus misericordias reconstruye a Jerusalén», está fundamentada en el versículo que declara: «El Eterno reconstruye a Jerusalén» (Salmos 147:2).

El consuelo de Shabat

En Shabat se agrega en la tercera bendición del *Birkat Hamazón*, una declaración en la que se menciona consuelo: «Complácete en fortificarnos, El Eterno, Dios nuestro, en Tus preceptos y en el precepto del séptimo día, este Shabat grande y sagrado. Pues éste es un día grande y sagrado delante de Ti, para descansar en él, y reposar en él con amor, conforme al precepto de Tu voluntad. Con Tu buena voluntad, El Eterno, Dios nuestro, otórganos sosiego, y que no haya aflicción ni angustia en el día de nuestro reposo. Y muéstranos el consuelo de Tzión, Tu Ciudad, y la reedificación de Jerusalén, Tu ciudad sagrada, pues Tú eres El Señor de las salvaciones y El Señor de los consuelos».

En la exégesis de Raba"sh se pregunta: ¿Acaso en Shabat la persona está de duelo o excomulgada que necesita más consuelo que en los demás días? Y la respuesta es ésta: ya que Shabat y los días festivos son días de deleite y alegría, los sabios establecieron que se haga mención en ellos del consuelo, en memoria de la destrucción del Templo Sagrado, y la destrucción de Jerusalén, porque está escrito: «Mi lengua se pegue a mi paladar si de ti no me acordare; si no ascendiere a Jerusalén a la cúspide de mi alegría» (Salmos 137:6). Y se recuerda únicamente a modo de insinuación, por causa de angustia, que se debe evitar en Shabat.

Y Raava"d escribió: se menciona consuelo en Shabat porque el Mundo Venidero es consuelo para Israel, y se asemeja al Shabat. (Como fue enseñado: Tres cosas representan un reflejo del Mundo Venidero: el Shabat, el sol, el acto de evacuar el vientre – Talmud, tratado de Berajot 57b).

Además, hay sabios que dijeron que el consuelo futuro de Tzión será en Shabat, por eso se menciona consuelo en ese día.

EL CONSUELO DE TZIÓN

Lo que se agrega en la tercera bendición del *Birkat Hamazón*, en Shabat: «y muéstranos el consuelo de Tzión, Tu Ciudad», está fundamentado en el versículo que declara: «Porque El Eterno ha consolado a su pueblo, y tendrá misericordia de sus afligidos» (Isaías 49:13). Y está escrito: «Porque El Eterno ha consolado a Tzión» (Isaías 51:3).

En el agregado de Shabat se menciona a continuación: «Pues éste es un día grande y sagrado delante de Ti, para descansar en él, y reposar en él con amor, conforme al precepto de Tu voluntad».

La expresión: «grande», está fundamentada en el versículo que declara: «¡Cuán grandes son tus obras, El Eterno!» (Salmos 92:6).

La expresión: «sagrado –*kadosh*–», está fundamentada en el versículo que declara: «Dios bendijo al séptimo día y lo santificó –*vaikadesh*–, porque en él cesó toda Su obra que Dios creó para hacer» (Génesis 2:3). Las expresiones *kadosh y vaikadesh*, comparten la misma raíz lingüística.

La expresión: «para descansar en él», está fundamentada en el versículo que declara: «En seis días se hará labor y el séptimo día es día de descanso absoluto, es sagrado para El Eterno» (Éxodo 31:15).

La expresión: «y reposar en él», está fundamentada en el versículo que declara: «En seis días harás tu obra, y al séptimo día descansarás, para que tu toro y tu asno reposen, y el hijo de tu sirvienta y el residente se sosieguen» (Éxodo 23:12).

La expresión: «conforme al precepto», está fundamentada en el versículo que declara: «Guardarás el día de Shabat para santificarlo, como El Eterno tu Dios te ha ordenado» (Deuteronomio 5:12).

La expresión: «de Tu voluntad», está fundamentada en el versículo que declara: «El Eterno se complace en los que le temen» (Salmos 147:11). Y está escrito: «Y la luz de Tu rostro, porque te complaciste en ellos» (Salmos 44:4).

UN DÍA SIN AFLICCIÓN Y ANGUSTIA

Seguidamente se pronuncia en el agregado de Shabat esta declaración: «Con Tu buena voluntad, El Eterno, Dios nuestro, otórganos sosiego, y que no haya aflicción ni angustia en el día de nuestro reposo». Y es una solicitud que se pide a El Eterno, después de que Él deseó sea el Shabat para nosotros un día de descanso, por tanto, le pedimos que no venga sobre nosotros en este día aflicción, para que no profanemos el Shabat.

LOS DÍAS FESTIVOS

En los días festivos y en los días intermedios entre el primer y último día de las festividades de Pesaj y Sucot, como así en el día del comienzo de mes –*Rosh Jodesh*–, se recita en la tercera bendición del *Birkat Hamazón*, este agregado, que se denomina *Yalé Veiavó*, que significa «ascienda y venga»:

«Dios nuestro y Dios de nuestros padres, ascienda, venga, llegue, y sea visto, aceptado, escuchado, rememorado y recordado ante Ti nuestro recuerdo y nuestra memoria, y el recuerdo de nuestros padres, y el recuerdo del Mesías hijo de David Tu siervo, y el recuerdo de Jerusalén, Tu ciudad santa, y el recuerdo de todo Tu pueblo, la Casa de Israel, ante Ti, para salvación, para gracia, bien, misericordia, buena vida y paz, en el día de:

- En el comienzo de mes –*Rosh Jodesh*– se menciona: este comienzo de mes
- En la festividad de Pesaj: esta Festividad del Pan Ácimo
- En la festividad de Shavuot: esta Festividad de Shavuot
- En la festividad de Sucot: esta Festividad de Sucot
- En la festividad de Simja Torá y Sheminí Atzeret: esta Festividad de Sheminí Atzeret
- En Rosh Hashaná: este Día del Recuerdo

El Eterno, nuestro Dios, recuérdanos en él –en este día–, para bien, y tráenos a memoria en él para bendición; y ampáranos en él para una buena vida. Y con palabra de salvación y misericordia, considéranos, agrácianos, ten misericordia de nosotros y sálvanos; porque nuestros ojos están dirigidos a Ti, pues Tú Dios, eres El Rey misericordioso y que agracia».

Día festivo en Shabat

Ahora bien, si ocurre que un día festivo cae en Shabat, se recita en primer lugar el agregado de Shabat, y después el agregado del día festivo. Y la razón se debe a la regla que manifiesta: «lo frecuente y lo no frecuente, lo frecuente está antes».

Es decir, cuando se juntan dos preceptos, que uno de ellos es más frecuente que el otro, el más frecuente prevalece. Y como el Shabat es más frecuente que un día festivo, ya que se celebra cada semana, por eso, el agregado de Shabat se recita en primer lugar, y después el correspondiente al día festivo.

La división entre las bendiciones

Ya que en la serie de bendiciones que se recitan después de comer pan –*Birkat Hamazón*–, hay tres bendiciones por prescripción de la Torá, y una bendición por prescripción rabínica, es correcto dividir entre las bendiciones de la Torá y la instaurada por los sabios, diciendo «amén» al final de la serie de bendiciones por prescripción de la Torá. Es decir, se pronuncia «amén» al culminar la tercera bendición: «Bendito eres Tú, El Eterno, que con Sus misericordias reconstruye a Jerusalén. Amén». Y entonces se comienza la cuarta bendición: «Bendito eres Tú, El Eterno, Dios nuestro, Rey del universo, El Poderoso, nuestro Padre, nuestro Rey, nuestro Soberano, nuestro Creador; nuestro Redentor, nuestro Formador, nuestro Santo, el Santo de Jacob, nuestro Pastor, el Pastor de Israel, el Rey bueno y bondadoso con todos, que cada día y día hizo el bien, hace el bien y hará el bien por nosotros [...]» (Abudraham; Código Legal Shulján Aruj: *Oraj Jaim* 188:1).

ESTRUCTURA DE LA CUARTA BENDICIÓN

En la cuarta bendición del *Birkat Hamazón*, se mencionan tres reinados: «Bendito eres Tú, El Eterno, Dios nuestro, Rey del universo, El Poderoso, nuestro Padre, nuestro Rey, nuestro Soberano, nuestro Creador; nuestro Redentor, nuestro Formador, nuestro Santo, el Santo de Jacob, nuestro Pastor, el Pastor de Israel, el Rey bueno [...]». Asimismo, se mencionan tres bondades: «que cada día y día hizo el bien, hace el bien y hará el bien por nosotros». Y se mencionan tres beneficios: «que nos ha proveído, nos provee y nos proveerá [...]» (Código Legal *Oraj Jaim* 189:1).

La razón de lo mencionado se debe a que la cuarta bendición denominada «Bueno y Bondadoso –*Hatob Vehametib*–», no es una prescripción de la Torá, sino que los sabios la establecieron por los muertos de Beitar, a los cuales les fue dada sepultura. Y dijeron: «bueno», porque no se descompusieron, y «bondadoso», porque les fue dada sepultura (o sea, doble bondad). Y establecieron a esta bendición en la serie de bendiciones que se recitan después de comer pan, porque es en su totalidad alabanza y loor por las bondades que Él nos hizo. Y también esta –de los muertos de Beitar– es una bondad. Y la aproximaron a la bendición: «Bendito eres Tú, El Eterno, que con Sus misericordias reconstruye a Jerusalén», porque cuando fue destruida la ciudad de Beitar, fue cortado el resplandor de Israel, y no será restablecido hasta que venga el Mesías, hijo de David. Y ya que se culminaron las bendiciones por prescripción de la Torá, y esta es una bendición por prescripción de los sabios, no se la denomina una bendición próxima a otra. Y por eso (dado que es considerada una bendición independiente) comienza con la declaración: «Bendito eres Tú, El Eterno [...]».

Ahora bien, la cuarta bendición no culmina con la declaración: «Bendito eres Tú, El Eterno [...]», aunque es una bendición larga. Y la razón es porque al comienzo esta bendición fue establecida con un texto breve y corto, en la que se mencionaba solamente: «bueno y bondadoso con todos». Y después se agregaron las demás cosas.

La mención de los tres reinados

Los sabios establecieron que en esta bendición se declararan tres reinados, porque ya habían establecido que se mencionara el reinado de David en la bendición: «reconstruye a Jerusalén». Y ya que se menciona el reinado de David, era propicio mencionar el reinado Celestial. Pero debido a que no es honorable mencionar en forma próxima concretamente el reinado Celestial al reinado de una persona de carne y hueso, quisieron completarla y mencionar en la bendición «Bueno y bondadoso», un reinado en correspondencia con ella. Y ya que los sabios establecieron mencionar un reinado en correspondencia con la tercera bendición: «Ten misericordia», establecieron que se mencionara otra vez un reinado en correspondencia con la segunda bendición, «por la Tierra», ya que tampoco en ella se mencionó reinado. Y los sabios decretaron esto, aunque según la base de la ley no era necesario mencionar reinado en esta bendición, porque la misma está próxima a la primera bendición: «Quien alimenta», en la cual sí se mencionó reinado.

Tres bondades

Ya que en la cuarta bendición se mencionan tres reinados, se mencionan también tres bondades, porque lo principal de esta bendición es el asunto de las bondades de El Eterno, o sea:

«Bueno y bondadoso». Y ya que se mencionan en esta bendición tres bondades, y es una bendición de agradecimiento, por eso se mencionan también tres beneficios: «que nos ha proveído, nos provee y nos proveerá [...]» (Lebush; Mishná Berurá).

La rectificación

En el libro Abudraham se menciona otra explicación muy interesante acerca de la razón por la que los sabios establecieron que en la cuarta bendición se declararan tres reinados: cuando Moshé, Josué, y David y Salomón, establecieron las tres primeras bendiciones, cada uno estableció una bendición con su principio y su finalización. Es decir, cada bendición comenzaba con: «Bendito eres Tú [...]», y culminaba con: «Bendito eres Tú [...]».

Pero después, estas bendiciones fueron ordenadas una detrás de la otra, y se convirtieron en bendiciones próximas una a la otra. Y quitaron de las dos últimas bendiciones de la serie, o sea, la segunda bendición y la tercera, el comienzo. Ya que como estaban próximas al final de la bendición anterior, ese final se consideraba también como principio de la bendición siguiente. Y debido a eso, requirieron completarlas (en la cuarta bendición, mencionando tres reinados).

Asimismo, en el Midrash se enseñó que en los días de Rejavam, rey de Israel descendiente de David, los Hijos de Israel desecharon tres cosas: el reino Celestial, el reino de David y el Templo Sagrado. Como está dicho: «Al tercer día vino Yarabam con todo el pueblo a Rejavam, según el rey había dicho [...] Y todo el pueblo vio que el rey no les había oído, y le respondió estas palabras, diciendo: "¿Qué parte tenemos nosotros con David? No tenemos heredad en el hijo de Ishai. ¡Israel, a tus tiendas! ¡Ahora ve tu casa –Rejavam, descendiente de– David! Entonces Israel se fue a sus tiendas"» (I Reyes 12:16).

Lo que está escrito: «¿Qué parte tenemos nosotros con David? No tenemos heredad en el hijo de Ishai», en forma textual. Y lo que está escrito: «¡Israel, a tus tiendas!», alude a la rebelión contra Dios. Ya que la expresión «a tus tiendas», en el texto original hebreo está escrita mediante la locución *leoaleja*, que puede leerse también *lee"loeja*, que significa: «a tus dioses». Y lo que está escrito: «¡Ahora ve tu casa –Rejavam, descendiente de– David!», se refiere al Templo Sagrado (véase Rashi Ibíd.).

Por tanto, los Hijos de Israel no serán redimidos hasta que pidan por las tres cosas, como está dicho: «Después volverán los Hijos de Israel, y buscarán a El Eterno su Dios, y a David su rey; y temerán a El Eterno y a su bondad en los días postreros» (Oseas 3:5). Lo que está escrito: «Después volverán los Hijos de Israel, y buscarán a El Eterno su Dios», se refiere al reino Celestial. Lo que está escrito: «y a David su rey», en forma textual. Y lo que está escrito: «y temerán a El Eterno y a su bondad en los días postreros», se refiere al Templo Sagrado, como está dicho: «Te ruego me permitas pasar y ver aquella tierra buena que está del otro lado del Jordán, ese buen monte, y el Lebanon» (Deuteronomio 3:25). Y por eso los sabios establecieron que se mencionen esos tres asuntos en la serie de bendiciones que se recitan después de comer pan.

A esto se refiere lo que se menciona en la tercera bendición: «y del reino de la casa de David Tu ungido, y de la Casa grande y sagrada que fue llamada a Tu Nombre». Ambos asuntos son mencionados en la tercera bendición. Y en la cuarta bendición, se menciona el reino de los Cielos. O sea, es como si declarásemos: «Hemos desechado a estos tres asuntos, y nos arrepentimos de ello; Bendito eres Tú, El Eterno, Dios nuestro, Rey del universo, para siempre».

Nuestro Padre, nuestro Rey

En la cuarta bendición del *Birkat Hamazón*, se declara: «Bendito eres Tú, El Eterno, Dios nuestro, Rey del universo, El Poderoso, nuestro Padre, nuestro Rey, nuestro Soberano, nuestro Creador; nuestro Redentor, nuestro Formador, nuestro Santo, el Santo de Jacob, nuestro Pastor, el Pastor de Israel, el Rey bueno y bondadoso con todos, que cada día y día hizo el bien, hace el bien y hará el bien por nosotros; que nos ha proveído, nos provee y nos proveerá para siempre con gracia, bondad, misericordia, amplitud, rescate, éxito, bendición, salvación, consuelo, sustento, manutención, y –todo con– misericordia, y vida, paz, y todo bien, y que de todo bien jamás nos falte».

La expresión: «nuestro Padre», está fundamentada en el versículo que declara: «Pues Tú eres nuestro Padre» (Isaías 63:16).

La expresión: «nuestro Rey», está fundamentada en el versículo que declara: «Porque El Eterno es nuestro Juez, El Eterno es nuestro Legislador, El Eterno es nuestro Rey; Él nos salvará» (Isaías 33:22).

La expresión: «nuestro Soberano», está fundamentada en el versículo que declara: «¡El Eterno, nuestro Señor, cuán soberano es Tu Nombre en toda la Tierra!» (Salmos 8:2).

La expresión: «nuestro Creador», está fundamentada en el versículo que declara: «Ahora, así dice El Eterno, tu Creador, Jacob, y tu Formador, Israel: "No temas, porque te he redimido; te he puesto nombre, eres mío"» (Isaías 43:1).

La expresión: «nuestro Redentor», está fundamentada en el versículo que declara: «Nuestro Redentor, El Eterno de los ejércitos es su Nombre, el Santo de Israel» (Isaías 47:4).

La expresión: «nuestro Santo, el Santo de Jacob», está fundamentada en el versículo que declara: «Porque Yo El Eterno, tu Dios, el Santo de Israel, soy tu Salvador» (Isaías 43:3).

La expresión: «nuestro Pastor, el Pastor de Israel», está fundamentada en el versículo que declara: «Pastor de Israel, escucha» (Salmos 80:2).

La expresión: «el Rey bueno y bondadoso», está fundamentada en el versículo que declara: «Tú eres bueno, y bondadoso; enséñame tus estatutos» (Salmos 119:68).

La expresión: «que cada día y día hizo el bien, hace el bien y hará el bien por nosotros», está fundamentada en el pasaje que declara: «Él era, Él es, y Él será» (Sidur: oración Adon Olam). En ese pasaje se menciona el mismo orden de tiempos verbales.

La expresión: «que nos ha proveído, nos provee y nos proveerá para siempre», también está fundamentada en el pasaje que declara: «Él era, Él es, y Él será» (Sidur: oración Adon Olam).

La expresión: «con gracia, bondad, misericordia» está fundamentada en el versículo que declara: «Recordaré las bondades de El Eterno, las alabanzas de El Eterno, conforme a todo lo que El Eterno nos ha dado, y la grandeza de Su bien hacia la casa de Israel, que les ha hecho conforme a sus misericordias, y conforme a la multitud de sus bondades» (Isaías 63:7). Esto en cuanto a las expresiones «bondad, misericordia», y la expresión: «gracia» está fundamentada en el versículo que declara: «Dios nos agracie y nos bendiga, y haga resplandecer Su rostro sobre nosotros para siempre» (Salmos 67:2).

La expresión: «de todo bien», está fundamentada en el versículo que declara: «Y la grandeza de Su bien hacia la casa de Israel» (Isaías 63:7). Y está escrito: «Sucederá que cuando El Eterno, tu Dios, te traiga a la Tierra que juró a tus padres, a Abraham, a Itzjak y a Jacob, que te daría, ciudades grandes y buenas que no edificaste, casas llenas de todo bien que no llenaste, cisternas cavadas que tú no cavaste, viñas y olivares que no plantaste, y comerás y te saciarás» (Deuteronomio 6:10-11).

La bendición del invitado

A continuación cada uno puede solicitar lo que desea comenzando con la declaración: «El Misericordioso […]», y no se considera una interrupción entre las bendiciones, y el vino que se bebe al final (en el caso en que se recitaron las bendiciones para después de comer pan sobre un vaso de vino), pues los sabios establecieron que el invitado bendijera al anfitrión. Tal como se enseñó en el Talmud: dijo Rabí Yojanán: el anfitrión corta el pan y el invitado bendice (recita la serie de bendiciones para después de comer pan –*Birkat Hamazón*–). Y ésta es la explicación: el anfitrión corta el pan, para que lo haga con buen ojo. (Es decir, para que corte generosamente y reparta trozos grandes entre los invitados. Ya que la comida es de él, y por eso reparte a voluntad; pero si le diera el honor de cortar el pan a un invitado, no cortaría trozos grandes, ya que no es ético tomar para sí mismo y para los demás invitados trozos grandes del pan del anfitrión). Y el invitado bendice, para que sea bendecido el anfitrión.

Y el invitado, ¿qué bendice? Dice: «Sea la voluntad que el anfitrión no sea avergonzado en este mundo, ni sea humillado en el Mundo Venidero».

Rabí, incrementaba en la bendición del invitado: «Y prospere mucho en todos sus bienes. Y que sus bienes y nuestros bienes prosperen y estén próximos a la ciudad. Y el –ente maligno llamado– Satán no ejerza dominio en la obra de sus manos ni en la obra de nuestras manos. Y no se presente ante él, ni ante nosotros, ningún pensamiento de pecado, transgresión, ni falta desde ahora y para siempre» (Talmud, tratado de Berajot 46a).

Bendición para el anfitrión

El sabio Abudraham explicó esa cita talmúdica de este modo: la expresión: «Sea la voluntad que el anfitrión no sea avergonzado en este mundo», indica que no sea avergonzado en este mundo por causa de pobreza. «Ni sea humillado en el Mundo Venidero», por causa de pecados cometidos.

La expresión: «Y que prospere mucho en todos sus bienes», está fundamentada en el versículo que declara: «Te ruego, El Señor, esté ahora tu oído atento a la oración de tu siervo, y a la oración de tus siervos, quienes desean reverenciar Tu Nombre; y haz que tu siervo prospere hoy [...]» (Nehemías 1:11).

La expresión: «Y sus bienes prosperen y estén próximos a la ciudad», tal como explicó el exegeta Rashi, para que los pueda observar siempre con el fin de controlarlos y saber qué necesitan, y el Satán no ejerza dominio en la obra de sus manos. A esto se refiere lo que está escrito: «Y no se enseñoree de mí ninguna iniquidad» (Salmos 119:133). Y está escrito: «Y ejerza dominio sobre todo mi esfuerzo» (Eclesiastés 2:19).

Además, el sabio Abudraham se refirió a la última parte de la bendición mencionada en el Talmud de este modo: el invitado dice: «Y no se presente ante él ningún asunto que conlleve a pecado», porque el pago de un pecado es otro pecado. (Como fue enseñado: El hijo de Azai decía: «Has de correr por un precepto simple como por uno severo, y huye del pecado; pues una buena acción provoca una —nueva— buena acción, y un pecado provoca —un nuevo— pecado; pues el pago por una buena acción es —otra— buena acción, y el pago por un pecado es —otro— pecado» – Mishná, tratado de Avot 4:1).

Y a continuación el invitado dice: «ni le sobrevenga un pensamiento de transgresión, desde ahora y para siempre». Porque el pensamiento de una transgresión es peor que la transgresión. Y ésta es la explicación: quien peca, transgrede con su cuerpo, y el que piensa en una transgresión, peca con su mente, y de allí saldrá el pecado. Y la mente es más importante que el cuerpo.

Éste es el texto según la tradición sefaradita, para recitar en la casa del anfitrión:

«El Misericordioso bendiga esta mesa sobre la cual hemos comido y ordene sobre ella todos los manjares del mundo. Y sea como la mesa de nuestro patriarca Abraham; que coma de ella todo el que tiene hambre y beba de ella todo el que tiene sed. Y que no falte de ella ningún bien por siempre jamás, amén. El Misericordioso bendiga el señor de esta casa y el anfitrión de esta comida, a él, y a sus hijos, y a su esposa, y a todo lo que es de él. Que sus hijos tengan vida, y sus bienes se multipliquen. El Eterno bendiga su casa y acepte la obra de sus manos. Y sus bienes y los nuestros prosperen y estén próximos a la ciudad. Y no se presente ante él, ni ante nosotros, ningún asunto que conlleve a pecado ni un pensamiento de transgresión. Que esté alegre y regocijado todos los días, con riqueza y honor, desde ahora y para siempre. Que no sea avergonzado en este mundo ni humillado en el Mundo Venidero, amén, así sea Su voluntad».

Éste es el texto según la tradición askenazi, para recitar en la casa del anfitrión:

«Sea Su voluntad que este anfitrión no sea avergonzado en este mundo ni humillado en el Mundo Venidero. Y prospere mucho en todos sus bienes. Y que sus bienes y nuestros bienes prosperen y estén próximos a la ciudad. Y el Satán no ejerza dominio en la obra de sus manos ni en la obra de nuestras manos. Y no se presente ante él, ni ante nosotros, ningún pensamiento de pecado, transgresión, ni falta, desde ahora y para siempre».

El Misericordioso nos haga merecedores

Después se menciona la siguiente solicitud: «El Misericordioso nos otorgue vida y nos torne merecedores, y nos acerque a los días del Mesías, y la reconstrucción del Templo Sagrado, y la vida en el Mundo Venidero».

La expresión: «nos otorgue vida», está fundamentada en el versículo que declara: «El Señor, por ellas otorgarás vida» (Isaías 38:16).

La expresión «nos haga merecedores», en el texto original hebreo, está escrita mediante la locución: *izakeinu*. A esto se refiere lo que está escrito: «Aunque me lave con aguas de nieve, y limpie –*hazikoti*– mis manos con limpiador» (Job 9:30). Las expresiones *izakeinu* y *hazikoti* comparten la misma raíz lingüística. Por tanto, lo mencionado en el libro de Job se refiere a hacer merecedor. Y el exegeta Rashi explicó que se refiere al limpiado del pecado: «Si volviere a El Eterno y quitare de sobre mí la suciedad de pecado».

La expresión: «y nos acerque», está fundamentada en el versículo que declara: «Y vosotros, montes de Israel, haréis crecer vuestras ramas, y produciréis vuestro fruto para mi pueblo Israel; porque se han acercado para venir» (Ezequiel 36:8). Y también está fundamentada en el versículo que declara: «Así dijo El Eterno: "Guardad juicio, y haced justicia; porque Mi salvación está cercana para venir, y Mi justicia para revelarse" (Isaías 56:1). Y a esto se refiere lo que se recita a continuación: «a los días del Mesías, y la vida en el Mundo Venidero».

A continuación se menciona esta declaración: «Grandes son las salvaciones del Rey, y Él hace bondad a Su ungido, a David, y a su descendencia, eternamente». Es un versículo que consta en el libro de los Salmos (Salmos 18:51). Y se refiere al reino de David, que volverá a establecerse en el futuro, como está escrito: «Y Mi siervo David será rey sobre ellos, y todos ellos tendrán un solo pastor; y andarán en Mis juicios, y guardarán Mis estatutos, y los cumplirán» (Ezequiel 37:24).

Una variante en Shabat

Como hemos mencionado, se declara: «Grandes son las salvaciones del Rey». La expresión «las salvaciones», en el texto original hebreo está escrita a través de la locución: *magdil*. Y el sabio Abudraham dijo en su explicación: «Y he recibido de mis maestros que en Shabat se dice *migdol*, con una letra *vav* (que indica la presencia de la vocal "o"). Y en los días comunes de la semana se dice *magdil*, con una letra *iud* (que indica la presencia de la vocal "i"). Y yo creo que la razón se debe a que el Shabat es un rey grande con respecto a los días comunes de la semana. Y la palabra *migdol* se escribe en forma completa con una letra *vav*, y la vocal *jolam*, o sea, "o", que se encuentra sobre la letra *vav*, es un rey grande. Pero la palabra *magdil* está escrita de modo carente, sin la letra *iud;* y la vocal *jirik*, o sea, "i", sin la letra *iud*, es un rey pequeño.

Además, la expresión *magdil* consta en el libro de los Salmos, y en ese entonces David aún no era rey. Y la expresión *migdol* consta en los profetas, y en ese tiempo David ya era rey.

La culminación con paz

A continuación se menciona en la serie de bendiciones que se recitan después de comer pan: «El que hace la paz en las Alturas, Él haga la paz en nosotros y en todo Israel, y dígase amén». La paz es inmensa, por eso todas las plegarias se culminan con paz.

Considérese que[10] en la oración denominada *kadish*, que se recita al final de la plegaria o tras el estudio de la Torá, se declara: *«ihe shelama raba min shemaia [...]»*, cuya traducción es: «Haya abundante paz desde el Cielo». Y esa declaración está fundamentada en el versículo que manifiesta: «Haya paz en Tu imperio, sosiego en Tu palacio» (Salmos 122:7).

Y la razón por la cual la paz fue fijada al final es porque equivale a todo. Y así se dice en la oración que se recita antes del Shemá Israel:[11] «Bendito eres Tú El Eterno, Dios nuestro, Rey del universo; formador de la luz y creador de la oscuridad, que hace la paz y crea a todo».

Asimismo fue estudiado: está escrito: «Si anduviereis en Mis decretos y cumpliereis Mis preceptos y los pusiereis por obra, Yo daré vuestras lluvias en su tiempo, la tierra dará su producción y el árbol del campo dará sus frutos. Vuestra trilla durará hasta la vendimia, y la vendimia durará hasta el sembrado; y comeréis vuestro pan hasta saciaros y habitaréis seguros en vuestra tierra. Y daré paz en la tierra [...]» (Levítico 26:1-6). Ésta es la explicación: si dijereis: he aquí alimento, y he aquí bebida, si no hay paz, no hay nada (Torat Kohanim; Rashi en Levítico 26:6).

Ésta es la explicación: está escrito: «Y comeréis vuestro pan hasta saciaros y habitaréis seguros en vuestra tierra. Y daré paz en la tierra [...]» (Levítico 26:5-6). Y a continuación está escrito: «Comeréis el grano añejo de mucho tiempo, y sacaréis lo añejo para guardar lo nuevo» (Levítico 26:10). ¿Por qué se interrumpe las bendiciones de la abundancia y la saciedad con la declaración: «Y daré paz en la tierra»? Debería estar escrito: «Comeréis el grano añejo de mucho tiempo, y sacaréis lo añejo para guardar lo nuevo», y después: «Y daré paz en la tierra [...]». ¿Cómo se explica? La respuesta es esta: la paz también es una bendición vinculada con la abundancia; ya que si hay abundancia y no se come con sosiego, no se tiene ningún provecho de la saciedad. Por eso la paz es todo, ya que establece todo (véase Gur Arie, Shai Lamorá).

La inmensidad de la paz

La paz es tan grande que el gran Nombre que se escribe con santidad, dijo El Santo, Bendito Sea, que sea borrado con agua para generar paz entre el hombre y su mujer (Talmud, tratado de 141a).

Ésta es la explicación: está escrito: «El Eterno habló a Moisés, diciendo: "Háblales a los Hijos de Israel y diles: si la mujer de un hombre se descarriare, y le fuere infiel, y es posible que un hombre cohabitó con ella, y su marido no lo hubiese visto por haberse ella impurificado ocultamente, ni hubiere testigo contra ella, ni ella hubiere sido sorprendida en el acto, y ella no fue forzada; si viniere sobre él espíritu de celos, y tuviere celos de su mujer, habiéndose ella impurificado; o viniere sobre él espíritu de celos, y tuviere celos de su mujer, no habiéndose ella impurificado; el hombre traerá a su mujer al sacerdote y traerá su ofrenda por ella, un décimo de medida *efá* de harina de cebada; no verterá aceite sobre ella ni colocará incienso sobre ella, pues es una ofrenda vegetal de celos, una ofrenda vegetal de recordación, un recordatorio de la iniquidad» (Números 5:11-15).

VERIFICACIÓN DETERMINANTE

Después de recibir el caso, el sacerdote deberá realizar el procedimiento de verificación para determinar si hubo engaño o no. Y para eso será requerido sacrificar el honor del nombre de El Eterno, como está escrito a continuación: «El sacerdote la acercará y la ubicará ante El Eterno. El sacerdote tomará agua sagrada dentro de una vasija de barro, y el sacerdote tomará de la tierra que hubiere en el suelo del Tabernáculo, y la colocará en el agua. El sacerdote hará que la mujer se ubique ante El Eterno y descubrirá la cabeza de la mujer, y colocará sobre las palmas de ella la ofrenda vegetal de recordación, la cual es una ofrenda vegetal de celos; y en la mano del sacerdote estarán las aguas amargas que causan maldición» (Números 5:15-18).

A continuación se mencionan los detalles del procedimiento para realizar la comprobación: «El sacerdote la hará jurar y le dirá a la mujer: "Si un hombre no te ha amancebado y no te has descarriado impurificándote con alguien que no es tu marido, serás limpia de estas aguas amargas que causan maldición. Y si tú te has descarriado de tu marido y te has impurificado, y un hombre que no es tu marido te ha amancebado, el sacerdote hará jurar a la mujer con el juramento de la maldición, y el sacerdote le dirá a la mujer: 'El Eterno te ponga por execración y por juramento en medio de tu pueblo, al otorgar El Eterno que tu muslo caiga y tu vientre se hinche. Y estas aguas que causan maldición entrarán en tus entrañas para hacer que el vientre se hinche y el muslo caiga'". Y la mujer dirá: "¡Amén, amén!". Entonces el sacerdote escribirá estas maldiciones en un escrito y las borrará con las aguas amargas. Dará de beber a la mujer de las aguas amargas que causan maldición; las aguas de maldición entrarán en ella para amargura» (Números 5:19-24).

Después se culmina el procedimiento: «El sacerdote tomará la ofrenda vegetal de celos de la mano de la mujer; y mecerá la ofrenda delante de El Eterno, y la ofrecerá en el Altar. El sacerdote tomará un puñado de la ofrenda vegetal de recordación y la hará arder en el Altar, y después dará a beber las aguas a la mujer. Y al darle a beber las aguas ocurrirá que si ella se impurificó y traicionó a su marido, las aguas que causan maldición entrarán en ella para amargura y su estómago se hinchará y caerá su muslo, y la mujer se transformará en una maldición en medio de su pueblo. Y si la mujer no se impurificó y es pura, entonces se demostrará que está limpia y será fecunda» (Números 5:25-28).

Hemos apreciado en el proceso descrito, que: «el sacerdote escribirá estas maldiciones en un escrito y las borrará con las aguas amargas». ¿Cuál es la finalidad de este increíble acto que incluye el borrado de un texto que contiene el sagrado Nombre de El Eterno? Hacer que hubiera paz entre un hombre y su mujer. Así El Eterno dejó en manifiesto la gran importancia que tiene para Él la paz.

87

LA PAZ Y LA TORÁ

La paz es tan grande que se elogia a la Torá con ella, como está escrito: «Sus caminos son caminos deleitables; y todos sus senderos paz»[12] (Proverbios 3:17).

La paz es tan inmensa que incluso los ángeles, que si bien no hay entre ellos envidia, ni odio, ni mal ojo, igualmente necesitan paz, como está dicho: «Él hace paz en sus alturas» (Job 25:2).

X
LOS DIEZ PASOS CLAVES

La serie de bendiciones que se recitan después de comer pan –*Birkat Hamazón*– se pronuncia en todo lenguaje (Shulján Aruj).[13] Como está escrito: «y bendecirás» (Deuteronomio 8:10). Es decir, en todo lenguaje en el que bendigas, siempre y cuando entiendas esa lengua. Y si se las puede recitar en la Lengua Santa, es mejor (Mishná Berurá).

En Sefer Hajinuj está escrito: todo el que es cuidadoso con la serie de bendiciones que se recitan después de comer pan, su sustento está dispuesto para él con honor todos sus días. Y quien es puntilloso debe ser cuidadoso de recitar las bendiciones leyéndolas de un libro, y no, de memoria (Ibíd.).

¿Qué es ser cuidadoso con la serie de bendiciones que se recitan después de comer pan? Recitarlas con concentración, tal como enseñaron los sabios, después de realizar los diez pasos previos requeridos, como fue enseñado: Rabí Bon y Rabí Janina marchaban por el camino para rescatar a unos hombres que estaban cautivos. Llegaron a esa aldea y pasaron allí la noche, en un hospedaje. A medianoche se levantaron para ocuparse de la Torá. Entonces se levantó la mujer que se encontraba en la casa, y les encendió una lámpara.

Mientras los sabios estaban sentados estudiando, ella se sentó detrás de ellos, para escuchar las palabras de Torá que pronunciaban.

Los sabios percibieron su presencia, y uno de ellos abrió y dijo: «La vela de El Eterno es el alma del hombre; escudriña todos los rincones del interior» (Proverbios 20:27). Y comenzó a explicar: «La vela de El Eterno es el alma del hombre», ciertamente. Pues así como la vela alumbra en la oscuridad, también el alma de la persona alumbra en el cuerpo.

El sabio volvió a hablar y dijo: la mujer se torna merecedora a través de tres cosas: la ofrenda de la masa –*jala*–, el cuidado de las leyes de pureza –*nida*– y el encendido de la vela. Y a todas esas cosas ya las hemos estudiado (Talmud, tratado de Shabat 31b).

El sabio giró su cabeza, y vio que la mujer lloraba. El padre se levantó, y se sentó junto a ellos.

Rabí Bon le dijo:

—¿Por qué llora tu hija?

El hombre le respondió:

—Porque no mereció un marido que se ocupara de la Torá. Y él es un joven de doce años, e incluso no sabe la serie de bendiciones que se recitan después de comer pan –*Birkat Hamazón*–. Y yo no logré enseñarle.

Rabí Bon le dijo:

—Si es así, cámbialo por otro. ¿Y por qué le has dado a tu hija?

El padre respondió:

—Yo no lo conocía, pero un día vi que saltó del techo al suelo para escuchar el recitado del *kadish*.[14] Entonces hice un voto de que le daría a mi hija por esposa. Por tanto, cuando salí de la sinagoga, le ofrecí a mi hija, sin averiguar ni investigar otros asuntos de él. Y no pregunté más. Pero ahora resulta que no sabe siquiera una palabra de Torá. Y no quiere aprender nada.

Rabí Bon le dijo:

—Quizá sea merecedor de tener un hijo que estudiará mucha Torá.

Entretanto, ese joven se levantó de su cama, vino de un salto y se sentó junto a ellos.

Rabí Bon lo observó y dijo:

—Yo observo en su rostro y veo que de este joven saldrá mucha luz de la Torá al mundo.

Ese joven abrió y dijo:

—«Respondió Eliu, el hijo de Barajel, el buzita: "Yo soy joven de días, y vosotros sois ancianos; por tanto he temido, y he sentido miedo de exponeros mi opinión"» (Job 32:6).

A través de ese versículo, el joven indicaba que temió hablar palabras de Torá antes. Y la razón era porque había hecho un voto de que no hablaría palabras de Torá hasta ese momento que ahora había llegado (II Zohar 168).

Por eso, el joven ahora comenzó a hablar palabras de Torá, hasta que abrió y dijo asuntos vinculados con la serie de bendiciones que se recitan después de comer pan –*Birkat Hamazón*–. Dijo:

—Ahora, pues, que has dicho que no sé incluso la serie de bendiciones que se recitan después de comer pan, considérese que acerca de *Birkat Hamazón* hay asuntos sabidos, y que son diez:

Uno: arreglar la mesa según la comida que se traerá a la misma. Y quién no tiene demasiada comida, y aun así arregla la mesa, es alabado ante El Eterno, pues demuestra que se sienta a comer ante El Rey, como está escrito: «Y comerás ante El Eterno, tu Dios» (Deuteronomio 8:10).

Dos: purificación de las manos con agua –*netilat iadaim*– antes de comer. Pues quien come pan sin purificarse las manos se considera como si comiera pan impuro.

Tres: realizar la purificación de las manos con agua –*netilat iadaim*–, purificando –primeramente– la mano derecha con la izquierda; y esto es así para que la izquierda sirva a la derecha. Y deben purificarse las manos con agua hasta la muñeca, tal como establecieron los sabios.

Cuatro: después de purificarse las manos con agua, se las debe alzar en el momento de recitar la bendición. Y la persona debe juntar sus brazos como uno en el momento de alzar sus manos.

Cinco: debe aproximarse la bendición a la purificación de las manos con agua.

Seis: la persona ha de dar de su pan a los pobres.

Siete: se ha de pronunciar la bendición para comer pan, denominada *Hamotzi*,[15] y hacer hincapié en la pronunciación correcta de la letra *he* de la palabra *hamotzi*. Y es prohibido comer sin pronunciar la bendición.

Ocho: quien come a su propia mesa, no debe ser ávido y glotón, sino como si comiera ante el rey.

Nueve: la persona debe pronunciar palabras de Torá junto a su mesa. Y a una persona individual, que no tiene con quien ocuparse de la Torá, le es suficiente con sus bendiciones.

Diez: las últimas aguas son obligatorias. Y no fue establecida una bendición. Aunque las manos están sucias por el contacto con los alimentos, la persona no pronuncia una bendición por el lavado de las manos.

Todos estos diez pasos deben realizarse antes de pronunciarse la serie de bendiciones que se recitan después de comer pan –*Birkat Hamazón*–. Y cada uno de ellos tiene su razón proveniente de la Academia de lo Alto, y yo las mencionaré.

El arreglado de la mesa

Uno: arreglar la mesa para esa comida que la persona ha de comer en honor del Rey, que le otorgó alimento para nutrir su cuerpo. Como hemos estudiado: lo concerniente a los alimentos de la persona es difícil ante El Santo, Bendito Sea, como la partición del Mar Suf.[16]

¿Por qué es difícil? Porque los alimentos del mundo no vienen sino con juicio. Y El Santo, Bendito Sea, traspasa el juicio y sustenta a los malvados; a los honorables y a los que no son honorables. Y El Santo, Bendito Sea, sustenta a todos, desde los cuernos de los antílopes, hasta los huevos de los piojos. Y la Presencia Divina está observando y ve cómo se comporta cada uno de los Hijos de Israel junto a la mesa, como está escrito: «Ésta es la mesa que está ante El Eterno» (Ezequiel 41:22). «Ante El Eterno», ciertamente. Y está escrito: «Y comerás [...] ante El Eterno, tu Dios» (Deuteronomio 14:23). Por eso, en los días comunes de la semana[17] la mesa de la persona debe estar ordenada, y no, ordenada completamente.[18] Y en Shabat se requiere –en el arreglo de mesa– el incremento de algo diferente, por el alto grado de santidad de este día.

LA PURIFICACIÓN DE LAS MANOS

Dos: ¿cuál es la razón de la purificación de las manos con agua –*netilat iadaim*– antes de comer? Porque la comida requiere limpieza, semejante a los ángeles celestiales en lo Alto. Pues así dijo Rav Amnuna el anciano: está escrito: «Pan de nobles –*avirim*– comió el hombre; les envió alimento hasta saciarles» (Salmos 78:25). Es decir, los Hijos de Israel comieron el alimento de los ángeles, el maná. Pues de ese alimento angelical comieron los Hijos de Israel en el desierto, cuando salieron de Egipto. ¿Y qué se aprende de eso? Se aprende que así como los ángeles celestiales comen con santidad, pureza y limpieza, también los Hijos de Israel deben hacerlo así, comer con santidad y pureza, como está escrito: «Porque Yo soy El Eterno, vuestro Dios, os santificaréis y seréis santos, pues Santo soy Yo» (Levítico 11:44). Lo que está escrito: «os santificaréis», se refiere a las primeras aguas –antes de comer–. Y lo que está escrito: «y seréis santos», se refiere a las últimas aguas –después de comer–. Y lo que está escrito a continuación: «Santo», se refiere al buen óleo –con que se untan las manos después de comer–. Y lo que está escrito: «soy Yo», se refiere a la serie de bendiciones que se recitan después de comer pan –*Birkat Hamazón*–. Y así dijeron los sabios: lo que está escrito: «os santificaréis [...]», indica que todo el que come con santidad, y con pureza, y con limpieza, se asemeja a los ángeles celestiales, que son santos. Y lo que está escrito: «pues Santo soy Yo», indica que se requiere concentración en el recitado de las bendiciones de *Birkat Hamazón*.

Y todo el que come pan sin purificarse las manos se considera como si comiera pan impuro. Y la Presencia Divina, ¿qué dice? Dice: «No comas el pan del de mal ojo[19] y no codicies sus manjares» (Proverbios 23:6). ¿Por qué razón? Porque la medida del castigo está dispuesta en el mundo, y su nombre es Mal Ojo. Y todo el que come pan sin purificarse las manos, esa medida del castigo se posa sobre él, y toda esa comida es de ella, y se denomina Pan de Mal Ojo. Pues así dijo Rav Amnuna el anciano: dos medidas están dispuestas sobre la mesa de la persona: una es una medida buena, y una es una medida mala. Entonces, cuando la persona santifica sus manos y bendice, la medida buena dice: «Ésta es la mesa de El Santo, Bendito Sea». Y coloca sus manos sobre él, y le dice: «Tú eres mi servidor. Tú eres el servidor del Omnipresente, como está dicho: "Y me dijo: 'eres mi siervo, Israel, porque en ti me gloriaré'" (Isaías 49:3)». Y cuando la persona no santifica sus manos y bendice, la medida mala dice: «Éste es mío». E inmediatamente se posa sobre él y lo impurifica, y su comida se denomina Pan de Mal Ojo.

Ocurrió un suceso en Babilonia con un hombre que invitó a comer a un pobre. Y el pobre vio que el anfitrión no se lavó las manos y comió. Entonces, el pobre se levantó de la mesa y se marchó. El anfitrión lo llamó, y le dijo: «Siéntate en tu lugar y come». Y el pobre le respondió: «Dios libre de que yo coma contigo, pues acerca de ti está escrito: "No comas el pan del de mal ojo [...]" (Proverbios 23:6). Y no sólo eso, sino que tu comida es impura. Y está escrito: "Y no os impurifiquéis con ellos, y os obstruyáis con ellos" (Levítico 11:43). Pues todo aquel que se posa sobre él espíritu de mal ojo recibe impureza obstructiva, totalmente cerrada, que no tiene ninguna abertura». Este suceso ocurrido llegó a oídos de los sabios, y le dieron a aquel pobre cien monedas.

Rabí Jagai lloró y dijo: «Bienaventurados los Hijos de Israel; bienaventurados sois, porque os ocupáis de la Torá y los preceptos. Y si ese pobre que estaba hambriento contuvo sus entrañas y se cuidó a sí mismo, y no consideró sino el honor de su Amo, y fue recompensado con un gran pago, cuán grande es el buen pago preparado para aquel que se aboca a la Torá con dedicación plena».

El servicio de la izquierda

Tres: realizar la purificación de las manos con agua –*netilat iadaim*–, purificando –primeramente– la mano derecha con la izquierda. ¿Cuál es la razón? Porque la derecha[20] es más alabada que la izquierda en todo asunto.

Por eso, debe purificarse la mano derecha con la mano izquierda, sirviéndole. Pues la derecha de la persona es similar a lo Alto, y por eso la derecha debe ser alabada por sobre la izquierda. ¿De dónde se sabe? Porque la Torá fue dada con la derecha, como está escrito: «De Su derecha les entregó la llameante Torá» (Deuteronomio 33:2). Y está escrito: «La derecha de El Eterno es excelsa; la derecha de El Eterno hace proezas» (Salmos 118:16). Y está escrito: «Y ocurrió que cuando Moshé levantaba su mano, Israel prevalecía» (Éxodo 17:11). Y por eso la izquierda debe santificar a la derecha. Y cuando los sacerdotes[21] ascendían a la tarima, ¿a través de quién se purificaba las manos? A través de los levitas, que están enraizados en el flanco de la izquierda. Por eso los levitas sirven a los sacerdotes,[22] que ascienden a la tarima, para que la derecha esté dispuesta apropiadamente, y para que se santifiquen a través de la izquierda.

Por tanto, también aquí, en lo concerniente a la purificación de las manos para comer pan, la mano derecha debe santificarse a través de la izquierda.

Además, al lavarse las manos para purificarlas, el agua debe llegar a todas las partes de la mano. Ya que en la mano hay catorce secciones,[23] y en conjunto se denominan mano –*iad*–. Pues el valor numérico de *iad* es 14.

$$
\begin{array}{rcl}
\text{י} & = & 10 \\
\text{ד} & = & \underline{4} \\
  &   & 14
\end{array}
$$

Resulta, pues, que en la palabra *iad* se indican las catorce secciones de la mano. Y a esto se refiere el misterio de lo que está escrito: «Porque la mano está sobre el Trono de Dios» (Éxodo 17:16). Tal como enseñó Rav Amnuna el anciano: las letras del alfabeto hebreo se asocian a partir del comienzo con el final en el sistema denominado *At Bash*. Y todas esas catorce partes de la mano están dispuestas según esas combinaciones del alfabeto hebreo, a partir de la letra *he* en adelante (*véase* la explicación en el «Apéndice»).

Por eso la mano se denomina así, *iad*, por sus catorce secciones. Y las catorce secciones de la mano –*iad*– sirven a las catorce secciones de la otra mano –*iad*–. Comenzando por la mano izquierda, que sirve a la derecha, purificándola con agua; y después la mano derecha purifica a la mano izquierda. Y esto es así para que la derecha se incluya con la izquierda y la izquierda se incluya con la derecha. Es decir, para que la bondad se incluya con el rigor, y el rigor con la bondad; ya que el flanco de la derecha está vinculado con el misterio de la bondad, y el flanco de la izquierda está vinculado con el misterio del rigor. Y por eso, el lavado de purificación de las manos se realiza de ese modo, para que este flanco se incluya con este otro flanco.

La elevación de las manos

Cuatro: después de purificarse las manos con agua, debe alzarlas en el momento de recitar la bendición, y santificar sus manos, como está escrito: «Alzad vuestras manos con santidad, y bendecid a El Eterno» (Salmos 134:2). ¿Cuál es la razón? Porque los dedos tienen la forma de lo Alto. Ya que los dedos son cinco, y cuatro de ellos están unidos como uno, y cada uno de ellos tiene tres secciones,[24] y tienen la forma del Carruaje supremo. Pues el Carruaje supremo está formado por cuatro ángeles,[25] y cada uno de los mismos tiene dos ángeles asistentes, he aquí que el Carruaje supremo está formado de doce componentes, la misma cantidad de secciones de los cuatro dedos de la mano que están unidos: índice, mayor, anular y meñique.

Por esa razón, el Nombre inefable de El Santo, Bendito Sea, el Tetragrama, tiene cuatro letras, que en su proyección[26] son doce letras. Y las secciones de los cuatro dedos de la mano que están juntos son doce; pues cada sección corresponde con una letra del Tetragrama.

Las dos secciones del pulgar

Ahora bien, el otro dedo de la mano, que está separado, el pulgar, tiene dos secciones,[27] y las mismas corresponden con dos letras ocultas de dos grados supremos ocultos.[28] Y esas dos letras supremas ocultas son la alabanza de todo, ya que todo lo de lo bajo está enraizado en ellas, y las mismas son la llave de todos en lo Alto respecto a Ése ente supremo que no se revela. Ya que la manifestación suprema de El Santo, Bendito Sea, permanece en ocultación para dar la posibilidad de rectificación y elevación a todos los entes que Él creó. Y esas secciones de los dedos están dispuestas hacia lo Alto, en dirección de Ése ente supremo oculto, después de lavarse y purificarse, pues todos se bendicen y reciben la abundancia de Él.

Y, después del lavado purificatorio de las manos, deben extenderse los dedos a lo Alto, para despertar a esas secciones supremas sagradas de lo Alto. Y por eso, hay cinco dedos, y en ellos, catorce secciones, he aquí en total diecinueve. Y considerando las dos secciones superiores, el antebrazo y el brazo, he aquí veintiún secciones en el brazo derecho, en correspondencia con el Nombre de El Santo, Bendito Sea, que se escribe con las letras: *alef*, *he*, *iud*, y *he*, cuyo valor numérico es 21.

$$
\begin{array}{ccc}
\aleph & = & 1 \\
ה & = & 5 \\
י & = & 10 \\
ה & = & 5 \\
\hline
 & & 21
\end{array}
$$

Y lo mismo ocurre con la mano izquierda, hay veintiún secciones, en correspondencia con el Nombre de El Santo, Bendito Sea, que se escribe con las letras: *alef*, *he*, *iud*, y *he*, cuyo valor numérico es 21. Y a esto se refiere lo que está escrito: «Soy el que Soy» (Éxodo 3:14). El Nombre Soy, en el texto original hebreo está escrito con las letras *alef*, *he*, *iud*, y *he*.

Además, la expresión «el que», mencionada en el versículo, en el texto original hebreo está escrita a través de la locución *asher*, que se escribe con las letras *alef*, *shin*, *reish*.

אשר

Esas letras son las mismas que las de la palabra *rosh*, que significa cabeza. Pues *rosh*, se escribe así con letras hebreas:

ראש

Es un misterio oculto, que indica: «Soy, Cabeza, Soy». Pues *asher* se convierte en *rosh*. Y a esto se refiere lo que está dicho: «Vosotros, todos vosotros, estáis de pie hoy ante El Eterno vuestro Dios, las cabezas de vuestras tribus [...]» (Deuteronomio 29:9).

Lo que está escrito: «las cabezas», corresponde con el misterio del brazo derecho, ya que la cabeza está vinculada con el flanco cósmico de la derecha, que es el flanco de la bondad. Y lo que está escrito: «vuestras tribus», corresponde con el misterio del brazo izquierdo, ya que las tribus están vinculadas con el flanco cósmico de la izquierda, que es el flanco del rigor.

Purificado y bendición

Cinco: debe aproximarse la bendición a la purificación de las manos con agua, y pronunciar la bendición con concentración, tal como ya hemos dicho previamente, para despertar las bendiciones de lo Alto vinculadas con la forma cósmica de los dedos.

La importancia de dar a los necesitados

Seis: la persona ha de dar de su comida a los pobres, ya que eso es lo apropiado. Y es un precepto selecto darle de esa comida que él mismo come, de todo lo bueno que él desea. Pues El Santo, Bendito Sea, disfruta de ese alimento que él da al pobre. Ya que ese alimento que da genera satisfacción al alma de ese pobre, y lo alegra.

La bendición por el pan

Siete: se debe pronunciar la bendición para comer pan, denominada *Hamotzi*,[29] y hacer hincapié en la pronunciación correcta de la letra *he* de la palabra *hamotzi*. Pues así dijo Rav Amnuna el anciano: hay siete niveles de tierras habitables, y todos están en lo bajo –en el centro de la Tierra–, y de todos ellos, El Santo, Bendito Sea, no se complace sino de éste, que es el nivel supremo –habitado por los seres humanos–, denominado Tevel. Y en todos esos niveles no crecen las siete especies –de cereal–, sino únicamente en este nivel, denominado Tevel. Y en todos ellos El Santo, Bendito Sea, dispuso todos los tipos de hierbas y vegetales en manos de ministros espirituales, con excepción de estos siete tipos –de cereal–, que producen harina para elaborar el pan que comen los seres humanos. Y por eso se debe hacer hincapié en la pronunciación correcta de la letra *he* de la palabra *hamotzi*. Ya que la letra *he*[30] alude a la Presencia Divina, y la supervisión del pan le fue otorgada a ella, y no a ministros espirituales. Y ella es quien saca el pan, y no otro. Y por eso se dice: *hamotzi*, con una letra *he*, y no: *motzi*.

MODERACIÓN Y VORACIDAD

Ocho: no debe serse ávido y glotón, sino como si comiera ante el rey. Pues la bendición no se posa en las entrañas de quien es glotón, sino en aquel que no es glotón. Y el glotón pertenece al flanco de Esaú, como está escrito: «Esaú le dijo a Jacob: "Ponme de ese potaje rojo, eso rojo, pues estoy extenuado"» (Génesis 25:30). La expresión «ponme», en el texto original hebreo, está escrita a través de la locución *aliteini*, que expresa un modo de glotonería.

¿Y cuál es la razón por la que la bendición no se posa en las entrañas de quien es glotón? Porque la mala serpiente se posa en sus entrañas, y no se sacia. Y no sólo eso, sino que además se denomina malvado, como está escrito: «El justo come para saciar su alma; y el vientre de los malvados no estará completo» (Proverbios 13:25). Por eso, debe comerse con calma a la mesa, como quien está sentado ante el rey.

Nueve: la persona debe pronunciar palabras de Torá junto a su mesa. Pues hemos estudiado: «Una mesa junto a la cual no pronunciaron palabras de Torá es como si hubiesen comido de los sacrificios de los muertos» (véase Mishná, tratado de Avot 3:3). Y se refiere a la idolatría, como está escrito: «Porque todas las mesas se llenaron de vómito y suciedad, sin lugar –limpio–» (Isaías 28:8). La idolatría se denomina «vómito y suciedad».

Pues El Santo, Bendito Sea, reparte alimento al mundo cada día y cada noche; a los entes de lo Alto y a los de lo bajo. En la noche, a esos ángeles que están a cargo de sus lugares asignados en la noche, y ejercen dominio en la noche, y comen en la noche, como está dicho: «Se levanta aún de noche y da alimento a su casa, y ración a sus criadas» (Proverbios 31:15). Y en el día, El Santo, Bendito Sea, reparte alimento a esos ángeles que están a cargo de sus lugares asignados en el día, y ejercen dominio de día. Y ya que repartió alimento a los ángeles, después, reparte alimento a todos los moradores del mundo.

Todos esos ángeles de lo Alto, cuando comen su alimento, todos alaban, y agradecen, y ensalzan al Amo de ellos. Y después de comer también alaban al Amo de ellos. Y de ese mismo modo deben proceder los Hijos de Israel en lo bajo, de ese mismo modo concretamente, uniéndose a ellos.

Las aguas finales

Diez: las últimas aguas son obligatorias para quitar la mala inmundicia, y dar una parte de la inmundicia que está sobre las manos al Flanco Malo, para que no acuse contra él. Como fue estudiado: la Medida del Bien recibe esa voluntad y concentración de la persona en la purificación de sus manos –*netilat iadaim*– antes de comer, y la bendición *hamotzi*, y las bendiciones de provecho, y la serie de bendiciones que se recitan después de comer pan –*Birkat Hamazón*–. La Mala Medida recibe esa inmundicia de las manos con las últimas aguas, y con eso se aparta de la persona, y a través de eso toma su parte. Y a esto se refiere lo que está escrito: «Y comió Boaz, y bebió, y se confortó su corazón» (Rut 3:7). Pues pronunció la serie de bendiciones que se recitan después de comer pan –*Birkat Hamazón*–, y alegró a ese lugar que se denomina Corazón.[31] Ese Corazón que requiere el corazón y la voluntad de la persona.

Asimismo, las últimas aguas son obligatorias –*jová*–[32] porque las recibe ese Flanco Malo, que se denomina Jová –obligación por culpabilidad–. Y con esas últimas aguas se conforta su mente. Pues hay dos grados: uno se denomina Zejut –mérito– y otro se denomina Jová –obligación por culpabilidad–. Y todas las palabras de este grado, Zejut, abren para defender el mérito de la persona, y todas las palabras de este grado, Jová, abren para acusar con la obligación culposa de la persona, y es juzgada por culpabilidad. Y por eso las últimas aguas son la parte de Jová, pues tiene provecho de eso, y este misterio es esencial.

El joven prosiguió deleitando a los presentes con sus profundos conocimientos de la Torá.[33] Y cuando terminó de hablar, los eruditos vinieron y lo besaron en la cabeza, y se alegraron e hicieron otra fiesta de bodas –para celebrar su casamiento–, e invitaron a todos los habitantes del lugar, y lo pusieron a la cabeza de todos (Zohar Rut 105a a 107a).

XI
BIRKAT HAMAZÓN
SEGÚN LA TRADICIÓN SEFARADÍ

El final de la comida

Cuando se termina de comer, antes de pronunciarse la serie de bendiciones que se recitan como agradecimiento por el alimento otorgado, se lavan los dedos de ambas manos con agua.

A continuación, se guarda silencio hasta culminar la serie de bendiciones que se recitan después de comer pan, no interrumpiendo en absoluto con ningún tipo de conversación. Sólo se pronuncian los versículos que se acostumbran pronunciar según la costumbre ancestral, y la invitación para bendecir si corresponde, o sea, en el caso en que participaron de la comida tres hombres, o más; e inmediatamente se recitan las bendiciones para después de comer.

Éstos son los versículos que se pronuncian después de lavarse los dedos con las últimas aguas:

«Al músico principal, con melodía instrumental, un salmo, un cántico: Dios nos agracie y nos bendiga; haga resplandecer Su rostro sobre nosotros, para siempre. Para que sea conocido en la Tierra Tu camino; en todas las naciones Tu salvación. Los pueblos Te alabarán Dios, todos los pueblos Te alabarán. Las naciones se alegrarán y regocijarán, porque juzgarás a los pueblos con rectitud, y guiarás a las naciones en la Tierra, para siempre. Los pueblos Te alabarán Dios, todos los pueblos Te alabarán. La tierra dará su producto; Dios, nuestro Dios, nos bendecirá. Dios nos bendecirá, y Le temerán desde todos los confines de la Tierra».

«Bendeciré a El Eterno en todo momento, su alabanza estará siempre en mi boca».[34] «El fin de todo asunto es oído, por tanto teme a Dios, y guarda sus preceptos; porque éste es –el fin– de todo hombre».[35] «Mi boca hablará del loor de El Eterno; y todos bendecirán Su Nombre sagrado para siempre jamás».[36] Y nosotros bendeciremos a Dios, desde ahora y para siempre; alabad a Dios.[37] «Y me dijo: "Ésta es la mesa que está ante El Eterno"».[38]

La invitación para bendecir

Si participaron de la comida tres hombres, o más, se pronuncia la invitación para bendecir, y es correcto hacerlo sobre una copa de vino.

Tres comensales

Cuando tres o más hombres mayores de 13 años comieran juntos, uno de ellos, el que conducirá la invitación para bendecir, dice:

«Vamos, bendigamos al Rey supremo sagrado».

Los demás comensales responden diciendo:

«*Shamaim*».[39]

Entonces el conductor dice:

«Con permiso del Rey supremo sagrado, y con permiso de mis señores y maestros, bendigamos pues hemos comido de lo de Él».

Los demás comensales responden:

«Bendito sea, pues hemos comido de lo de Él, y vivimos por Su bondad».

Después, el que pronunció la primera estrofa también responde:

«Bendito sea, pues hemos comido de lo de Él, y vivimos por Su bondad».

Y a continuación se pronuncia la serie de bendiciones que se recitan después de comer pan –*Birkat Hamazón*.

DIEZ COMENSALES

Si los hombres que estaban sentados a la mesa eran diez, mayores de 13 años, se debe mencionar el Nombre de Dios en la invitación para bendecir. Por tanto, uno de los comensales dice:

«Vamos, bendigamos al Rey supremo sagrado».

Los demás comensales responden diciendo:

«Shamaim».

Entonces el conductor dice:

«Con permiso del Rey supremo sagrado, y con permiso de mis señores y maestros, bendigamos a nuestro Dios, pues hemos comido de lo de Él».

Los demás comensales responden:

«Bendito sea nuestro Dios, pues hemos comido de lo de Él, y vivimos por Su bondad».

Después, el que pronunció la primera estrofa también responde:

«Bendito sea nuestro Dios, pues hemos comido de lo de Él, y vivimos por Su bondad».

Y a continuación se pronuncia la serie de bendiciones que se recitan después de comer pan –*Birkat Hamazón*.

TRES COMENSALES EN SHABAT

Cuando se recita la invitación para bendecir en Shabat, si son tres hombres mayores de 13 años, o más, pero menos de diez, el conductor dice:

«Vamos, bendigamos al Rey supremo sagrado».

Los demás comensales responden diciendo:

«Shamaim».

Entonces el conductor dice:

«Con permiso del Rey supremo sagrado, y con permiso de la reina Shabat, y con permiso de mis señores y maestros, bendigamos pues hemos comido de lo de Él».

Los demás comensales responden:

«Bendito sea, pues hemos comido de lo de Él, y vivimos por Su bondad».

Después, el que pronunció la primera estrofa también responde:

«Bendito sea, pues hemos comido de lo de Él, y vivimos por Su bondad».

Y a continuación se pronuncia la serie de bendiciones que se recitan después de comer pan *–Birkat Hamazón*.

Diez comensales en Shabat

Si los que estaban sentados a la mesa en Shabat eran diez hombres mayores de 13 años, se debe mencionar el Nombre de Dios en la invitación para bendecir. Por tanto, uno de los comensales dice:

«Vamos, bendigamos al Rey supremo sagrado».

Los demás comensales responden diciendo:

«Shamaim».

Entonces el conductor dice:

«Con permiso del Rey supremo sagrado, y con permiso de la reina Shabat, y con permiso de mis señores y maestros, bendigamos a nuestro Dios, pues hemos comido de lo de Él».

Los demás comensales responden:

«Bendito sea nuestro Dios, pues hemos comido de lo de Él, y vivimos por Su bondad».

Después, el que pronunció la primera estrofa también responde:

«Bendito sea nuestro Dios, pues hemos comido de lo de Él, y vivimos por Su bondad».

Y a continuación se pronuncia la serie de bendiciones que se recitan después de comer pan –*Birkat Hamazón*.

TRES COMENSALES EN DÍA FESTIVO

Cuando se recita la invitación para bendecir en un día festivo –*Yom Tov*–, si eran tres hombres mayores de 13 años, o más, pero menos de diez, el conductor dice:

«Vamos, bendigamos al Rey supremo sagrado».

Los demás comensales responden diciendo:

«Shamaim».

Entonces el conductor dice:

«Con permiso del Rey supremo sagrado, y con permiso del día festivo sagrado; y con permiso de mis señores y maestros, bendigamos pues hemos comido de lo de Él».

Los demás comensales responden:

«Bendito sea, pues hemos comido de lo de Él, y vivimos por Su bondad».

Después, el que pronunció la primera estrofa también responde:

«Bendito sea, pues hemos comido de lo de Él, y vivimos por Su bondad».

Y a continuación se pronuncia la serie de bendiciones que se recitan después de comer pan –*Birkat Hamazón*.

Diez comensales en día festivo

Si los que estaban sentados a la mesa en el día festivo eran diez hombres mayores de 13 años, se debe mencionar el Nombre de Dios en la invitación para bendecir. Por tanto, uno de los comensales dice:

«Vamos, bendigamos al Rey supremo sagrado».

Los demás comensales responden diciendo:

«Shamaim».

Entonces el conductor dice:

«Con permiso del Rey supremo sagrado, y con permiso del día festivo sagrado; y con permiso de mis señores y maestros, bendigamos a nuestro Dios, pues hemos comido de lo de Él».

Los demás comensales responden:

«Bendito sea nuestro Dios, pues hemos comido de lo de Él, y vivimos por Su bondad».

Después, el que pronunció la primera estrofa también responde:

«Bendito sea nuestro Dios, pues hemos comido de lo de Él, y vivimos por Su bondad».

Y a continuación se pronuncia la serie de bendiciones que se recitan después de comer pan –*Birkat Hamazón*.

Tres comensales en *Shabat Yom Tov*

Si los que estaban sentados a la mesa en el día festivo –*Yom Tov*– que cayó en Shabat, eran tres hombres mayores de 13 años, o más, pero menos de diez, el conductor dice:

«Vamos, bendigamos al Rey supremo sagrado».

Los demás comensales responden diciendo:

«*Shamaim*».

Entonces el conductor dice:

«Con permiso del Rey supremo sagrado, y con permiso de la reina Shabat, y con permiso del día festivo sagrado; y con permiso de mis señores y maestros, bendigamos pues hemos comido de lo de Él».

Los demás comensales responden:

«Bendito sea, pues hemos comido de lo de Él, y vivimos por Su bondad».

Después, el que pronunció la primera estrofa también responde:

«Bendito sea, pues hemos comido de lo de Él, y vivimos por Su bondad».

Y a continuación se pronuncia la serie de bendiciones que se recitan después de comer pan –*Birkat Hamazón*.

DIEZ COMENSALES EN SHABAT YOM TOV

Si los que estaban sentados a la mesa en el día festivo –Yom Tov– que cayó en Shabat eran diez hombres mayores de 13 años, se debe mencionar el Nombre de Dios en la invitación para bendecir. Por tanto, uno de los comensales dice:

«Vamos, bendigamos al Rey supremo sagrado».

Los demás comensales responden diciendo:

«*Shamaim*».

Entonces el conductor dice:

«Con permiso del Rey supremo sagrado, y con permiso de la reina Shabat, y con permiso del día festivo sagrado; y con permiso de mis señores y maestros, bendigamos a nuestro Dios, pues hemos comido de lo de Él».

Los demás comensales responden:

«Bendito sea nuestro Dios, pues hemos comido de lo de Él, y vivimos por Su bondad».

Después, el que pronunció la primera estrofa también responde:

«Bendito sea nuestro Dios, pues hemos comido de lo de Él, y vivimos por Su bondad».

Y a continuación se pronuncia la serie de bendiciones que se recitan después de comer pan –*Birkat Hamazón*.

TRES COMENSALES EN SUCOT

Si los que estaban sentados a la mesa en el día festivo –*Yom Tov*– de Sucot eran tres hombres mayores de 13 años, o más, pero menos de diez, el conductor dice:

«Vamos, bendigamos al Rey supremo sagrado».

Los demás comensales responden diciendo:

«*Shamaim*».

Entonces el conductor dice:

«Con permiso del Rey supremo sagrado, y con permiso del día festivo sagrado; y con permiso de los siete huéspedes supremos sagrados; y con permiso de mis señores y maestros, bendigamos pues hemos comido de lo de Él».

Los demás comensales responden:

«Bendito sea, pues hemos comido de lo de Él, y vivimos por Su bondad».

Después, el que pronunció la primera estrofa también responde:

«Bendito sea, pues hemos comido de lo de Él, y vivimos por Su bondad».

Y a continuación se pronuncia la serie de bendiciones que se recitan después de comer pan –*Birkat Hamazón.*

DIEZ COMENSALES EN SUCOT

Si los que estaban sentados a la mesa en el día festivo –*Yom Tov*– de Sucot eran diez hombres mayores de 13 años, se debe mencionar el Nombre de Dios en la invitación para bendecir. Por tanto, uno de los comensales dice:

«Vamos, bendigamos al Rey supremo sagrado».

Los demás comensales responden diciendo:

«*Shamaim*».

Entonces el conductor dice:

«Con permiso del Rey supremo sagrado, y con permiso del día festivo sagrado; y con permiso de los siete huéspedes supremos sagrados; y con permiso de mis señores y maestros, bendigamos a nuestro Dios pues hemos comido de lo de Él».

Los demás comensales responden:

«Bendito sea nuestro Dios, pues hemos comido de lo de Él, y vivimos por Su bondad».

Después, el que pronunció la primera estrofa también responde:

«Bendito sea nuestro Dios, pues hemos comido de lo de Él, y vivimos por Su bondad».

Y a continuación se pronuncia la serie de bendiciones que se recitan después de comer pan –*Birkat Hamazón*.

Tres Comensales en Shabat Sucot

Si los que estaban sentados a la mesa en el día festivo –*Yom Tov*– de Sucot que cayó en Shabat, eran tres hombres mayores de 13 años, o más, pero menos de diez, el conductor dice:

«Vamos, bendigamos al Rey supremo sagrado».

Los demás comensales responden diciendo:

«Shamaim».

Entonces el conductor dice:

«Con permiso del Rey supremo sagrado, y con permiso de la reina Shabat, y con permiso del día festivo sagrado; y con permiso de los siete huéspedes supremos sagrados; y con permiso de mis señores y maestros, bendigamos pues hemos comido de lo de Él».

Los demás comensales responden:

«Bendito sea, pues hemos comido de lo de Él, y vivimos por Su bondad».

Después, el que pronunció la primera estrofa también responde:

«Bendito sea, pues hemos comido de lo de Él, y vivimos por Su bondad».

Y a continuación se pronuncia la serie de bendiciones que se recitan después de comer pan –*Birkat Hamazón*.

Diez comensales en Shabat Sucot

Si los que estaban sentados a la mesa en el día festivo –*Yom Tov*– de Sucot que cayó en Shabat eran diez hombres mayores de 13 años, se debe mencionar el Nombre de Dios en la invitación para bendecir. Por tanto, uno de los comensales dice:

«Vamos, bendigamos al Rey supremo sagrado».

Los demás comensales responden diciendo:

«*Shamaim*».

Entonces el conductor dice:

«Con permiso del Rey supremo sagrado, y con permiso de la reina Shabat, y con permiso del día festivo sagrado; y con permiso de los siete huéspedes supremos sagrados; y con permiso de mis señores y maestros, bendigamos a nuestro Dios pues hemos comido de lo de Él».

Los demás comensales responden:

«Bendito sea nuestro Dios, pues hemos comido de lo de Él, y vivimos por Su bondad».

Después, el que pronunció la primera estrofa también responde:

«Bendito sea nuestro Dios, pues hemos comido de lo de Él, y vivimos por Su bondad».

Y a continuación se pronuncia la serie de bendiciones que se recitan después de comer pan –*Birkat Hamazón*.

TRES COMENSALES EN *JOL HAMOED* SUCOT

Si los que estaban sentados a la mesa en *Jol Hamoed* Sucot, eran tres hombres mayores de 13 años, o más, pero menos de diez, el conductor dice:

«Vamos, bendigamos al Rey supremo sagrado».

Los demás comensales responden diciendo:

«*Shamaim*».

Entonces el conductor dice:

«Con permiso del Rey supremo sagrado, y con permiso de los siete huéspedes supremos sagrados; y con permiso de mis señores y maestros, bendigamos pues hemos comido de lo de Él».

Los demás comensales responden:

«Bendito sea, pues hemos comido de lo de Él, y vivimos por Su bondad».

Después, el que pronunció la primera estrofa también responde:

«Bendito sea, pues hemos comido de lo de Él, y vivimos por Su bondad».

Y a continuación se pronuncia la serie de bendiciones que se recitan después de comer pan –*Birkat Hamazón*.

DIEZ COMENSALES EN *JOL HAMOED* SUCOT

Si los que estaban sentados a la mesa en *Jol Hamoed* Sucot eran diez hombres mayores de 13 años, se debe mencionar el Nombre de Dios en la invitación para bendecir. Por tanto, uno de los comensales dice:

«Vamos, bendigamos al Rey supremo sagrado».

Los demás comensales responden diciendo:

«*Shamaim*».

Entonces el conductor dice:

«Con permiso del Rey supremo sagrado, y con permiso de los siete huéspedes supremos sagrados; y con permiso de mis señores y maestros, bendigamos a nuestro Dios, pues hemos comido de lo de Él».

Los demás comensales responden:

«Bendito sea nuestro Dios, pues hemos comido de lo de Él, y vivimos por Su bondad».

Después, el que pronunció la primera estrofa también responde:

«Bendito sea nuestro Dios, pues hemos comido de lo de Él, y vivimos por Su bondad».

Y a continuación se pronuncia la serie de bendiciones que se recitan después de comer pan *–Birkat Hamazón*.

TRES COMENSALES EN SHABAT *JOL HAMOED* SUCOT

Si los que estaban sentados a la mesa en *Jol Hamoed* Sucot que cayó en Shabat eran tres hombres mayores de 13 años, o más, pero menos de diez, el conductor dice:

«Vamos, bendigamos al Rey supremo sagrado».

Los demás comensales responden diciendo:

«Shamaim».

Entonces el conductor dice:

«Con permiso del Rey supremo sagrado, y con permiso de la reina Shabat, y con permiso de los siete huéspedes supremos sagrados; y con permiso de mis señores y maestros, bendigamos pues hemos comido de lo de Él».

Los demás comensales responden:

«Bendito sea, pues hemos comido de lo de Él, y vivimos por Su bondad».

Después, el que pronunció la primera estrofa también responde:

«Bendito sea, pues hemos comido de lo de Él, y vivimos por Su bondad».

Y a continuación se pronuncia la serie de bendiciones que se recitan después de comer pan *–Birkat Hamazón.*

Diez comensales en Shabat *Jol Hamoed* Sucot

Si los que estaban sentados a la mesa en *Jol Hamoed* Sucot que cayó en Shabat eran diez hombres mayores de 13 años, se debe mencionar el Nombre de Dios en la invitación para bendecir. Por tanto, uno de los comensales dice:

«Vamos, bendigamos al Rey supremo sagrado».

Los demás comensales responden diciendo:

«Shamaim».

Entonces el conductor dice:

«Con permiso del Rey supremo sagrado, y con permiso de la reina Shabat, y con permiso de los siete huéspedes supremos sagrados; y con permiso de mis señores y maestros, bendigamos a nuestro Dios pues hemos comido de lo de Él».

Los demás comensales responden:

«Bendito sea nuestro Dios, pues hemos comido de lo de Él, y vivimos por Su bondad».

Después, el que pronunció la primera estrofa también responde:

«Bendito sea nuestro Dios, pues hemos comido de lo de Él, y vivimos por Su bondad».

Y a continuación se pronuncia la serie de bendiciones que se recitan después de comer pan *–Birkat Hamazón.*

TRES COMENSALES EN UN BANQUETE DE BODAS

Si en un banquete de bodas los comensales eran tres hombres mayores de 13 años, o más, pero menos de diez, uno de ellos conduce la invitación y dice:

«Vamos, bendigamos al Rey supremo sagrado».

Los demás comensales responden diciendo:

«*Shamaim*».

Entonces el conductor dice:

«Con permiso del Rey supremo sagrado, y con permiso de mis señores y maestros, bendigamos a El que en Su Casa hay alegría, pues hemos comido de lo de Él».

Los demás comensales responden:

«Bendito sea El que en su Casa hay alegría, pues hemos comido de lo de Él, y vivimos por Su bondad».

Después, el que pronunció la primera estrofa también responde:

«Bendito sea El que en su Casa hay alegría, pues hemos comido de lo de Él, y vivimos por Su bondad».

Y a continuación se pronuncia la serie de bendiciones que se recitan después de comer pan –*Birkat Hamazón*.

DIEZ COMENSALES EN UN BANQUETE DE BODAS

En un banquete de bodas, si eran diez hombres mayores de 13 años, se debe mencionar el Nombre de Dios en la invitación para bendecir. Por tanto, el comensal que conducirá la invitación dice:

«Vamos, bendigamos al Rey supremo sagrado».

Los demás comensales responden diciendo:

«*Shamaim*».

Entonces el conductor dice:

> **«Con permiso del Rey supremo sagrado, y con permiso de mis señores y maestros, bendigamos a nuestro Dios, en cuya Casa hay alegría, pues hemos comido de lo de Él».**

Los demás comensales responden:

> **«Bendito sea nuestro Dios, en cuya Casa hay alegría, que hemos comido de lo de Él, y vivimos por Su bondad».**

Después, el que pronunció la primera estrofa también responde:

> **«Bendito sea nuestro Dios, en cuya Casa hay alegría, que hemos comido de lo de Él, y vivimos por Su bondad».**

Y a continuación se pronuncia la serie de bendiciones que se recitan después de comer pan –*Birkat Hamazón.*

BIRKAT HAMAZÓN

Ésta es la serie de bendiciones que se recitan después de comer pan –*Birkat Hamazón.*

PRIMERA BENDICIÓN

> [40]**Bendito eres Tú, El Eterno, Dios nuestro, Rey del universo, El Poderoso, Quien nos alimenta a nosotros y al mundo entero con Su benevolencia, con gracia, bondad, amplitud y abundante misericordia. Él proporciona alimento a todos los seres vivientes, porque Su bondad es**

eterna. Y por Su gran bondad nunca nos faltó alimento ni nos faltará jamás. Pues Él es El Dios que alimenta y sustenta a todos, y Su mesa está preparada para todos, y Él dispuso comestibles y alimento para todos los seres que creó, con Su misericordia y con Su abundante bondad, como está escrito: «Abres Tu mano, y satisfaces la voluntad de todo ser viviente».[41] Bendito eres Tú, El Eterno, que alimenta a todos.

SEGUNDA BENDICIÓN

El Eterno, Dios nuestro, Te agradecemos porque has dado en heredad a nuestros ancestros una tierra deseable, buena y amplia; el Pacto, la Torá, vida, y alimento. Porque Tú nos has sacado de la tierra de Egipto, y nos has redimido de una casa de esclavos. Y por Tu Pacto que has sellado en nuestra carne, y por Tu Torá que nos has enseñado, y por las leyes de Tu voluntad que nos hiciste saber, y por la vida y el alimento con que nos nutres y sustentas.

AGREGADO PARA PURIM

Y –te agradecemos– por los milagros, y por la redención, y por los actos de poder, y por las salvaciones, y por las maravillas, y por los consuelos, que has hecho a nuestros ancestros en aquellos días en esta fecha.

En los días de Mordejai y Ester, en la capital Shushán, cuando se levantó contra ellos el malvado Hamán, solicitó destruir, asesinar y aniquilar a todos los judíos, desde el joven hasta el anciano, niños y mujeres, en un día, el trece del mes duodécimo, que es el mes Adar, y saquear su botín. Y Tú, con tus abundantes misericordias anulaste su idea, frustraste su pensamiento, y le hiciste volver sobre su cabeza la acción que planeaba, y lo colgaron a él y a sus hijos en el palo. E hiciste con ellos milagros y maravillas, y agradeceremos en Tu gran Nombre por siempre.

Y –te agradecemos– por los milagros, y por la redención, y por los actos de poder, y por las salvaciones, y por las maravillas, y por los consuelos, que has hecho a nuestros ancestros en aquellos días en esta fecha.

En los días de Matitiahu, hijo de Yojanán el sumo sacerdote jashmonita y sus hijos, cuando se levantó el perverso reino helénico contra Tu pueblo Israel para hacerles olvidar Tu Torá y apartarlos de los decretos de Tu voluntad, y Tú, con Tus abundantes misericordias, Te levantaste por ellos en el momento de su aflicción; libraste sus batallas, juzgaste el juicio de ellos, vengaste la venganza de ellos, entregaste a fuertes en manos de débiles, a muchos en manos de pocos, a impuros en manos de puros, a malvados en manos de justos, y a pecadores deliberados en manos de quienes se ocupaban de –estudiar y cumplir– Tu Torá. Y has hecho un Nombre grande y santo para Ti en Tu mundo, y para Tu pueblo Israel realizaste una gran salvación y redención hasta este día. Y después Tus hijos entraron al Lugar de Tu Casa, limpiaron Tu Templo, purificaron Tu Santuario, encendieron luminarias en Tus sagrados atrios, y establecieron estos ocho días de Januca para agradecer y alabar. Y Tú hiciste con ellos milagros y maravillas, y agradeceremos en Tu gran Nombre por siempre.

Por todo esto, El Eterno, Dios nuestro, nosotros Te agradecemos y bendecimos Tu Nombre, como está escrito: «Comerás y te saciarás y bendecirás al Eterno, tu Dios, por la buena Tierra que te dio» (Deuteronomio 8:19). **Bendito eres Tú, El Eterno, por la Tierra y por el alimento.**

Tercera Bendición

El Eterno, Dios nuestro, ten misericordia de nosotros y de Tu pueblo Israel, y de Tu ciudad Jerusalén, y del Monte de Tzión, la morada de Tu Gloria, y de Tu Templo, y de Tu Residencia, y de Tu Lugar Santo, y de la Casa grande y sagrada que fue llamada a Tu Nombre. Padre nuestro, Pastor nuestro, aliméntanos, susténtanos, provéenos de nuestras necesidades con abundancia, y líbranos pronto El Eterno, Dios nuestro, de todas nuestras aflicciones. Y por favor, El Eterno, Dios nuestro, no nos hagas tener necesidad de dádivas de seres humanos, ni préstamos de ellos, sino sólo de Tu mano llena, amplia, generosa y abierta. Y sea Tu voluntad que no seamos jamás avergonzados en este mundo, ni humillados en el Mundo Venidero. Y restituye el reinado de David, Tu ungido, pronto y en nuestros días.

Agregado para Shabat

Acepta y fortifícanos, El Eterno, Dios nuestro, en Tus preceptos y en el precepto del séptimo día, este Shabat grande y sagrado. Pues éste es un día grande y sagrado delante de Ti. Y descansaremos en él, y reposaremos en él, y nos deleitaremos en él, conforme al precepto de los estatutos de Tu voluntad. Y que no haya aflicción ni angustia en el día de nuestro reposo. Y muéstranos el consuelo de Tzión, pronto en nuestros días, pues Tú eres El Señor de los consuelos. Y aunque hemos comido

y bebido, no hemos olvidado la destrucción de Tu Casa grande y santa; no nos olvides jamás ni nunca nos abandones, pues Tú eres El Poderoso, Rey Grande y Santo.

AGREGADO PARA *ROSH JODESH* Y FESTIVIDADES

Dios nuestro y Dios de nuestros padres, ascienda, venga, llegue, y sea visto, aceptado, escuchado, rememorado y recordado nuestro recuerdo y el recuerdo de nuestros padres, y el recuerdo de Jerusalén, Tu ciudad, y el recuerdo del Mesías hijo de David Tu siervo, y el recuerdo de todo Tu pueblo, la Casa de Israel, ante Ti, para salvación, bien, gracia, bondad y misericordia, buena vida y paz,

En el comienzo de mes –*Rosh Jodesh*– se agrega:

en el día de este comienzo de mes,

En la Festividad de Pesaj se agrega:

en el día de esta Festividad del Pan Ácimo, en el día festivo de esta santa convocación,

En los días intermedios entre el primer y último día de la Festividad de Pesaj –*Jol Hamoed*– se agrega:

en el día de esta Festividad del Pan Ácimo, en el día de esta santa convocación,

En la Festividad de Shavuot se agrega:

en el día de esta Festividad de Shavuot, en el día festivo de esta santa convocación,

En Rosh Hashaná se agrega:

en el día de este Día del Recuerdo, en el día festivo de esta santa convocación,

En la Festividad de Sucot se agrega:

en el día de esta Festividad de Sucot, en el día festivo de esta santa convocación,

En los días intermedios entre el primer y último día de la Festividad de Sucot –*Jol Hamoed*– se agrega:

en el día de esta Festividad de Sucot, en el día de esta santa convocación,

En la Festividad de Simja Torá y Sheminí Atzeret se agrega:

en el día de esta Festividad de Sheminí Atzeret, en el día festivo de esta santa convocación, para que tengas misericordia de nosotros en él –en este día– y nos salves. El Eterno, nuestro Dios, recuérdanos en él –en este día–, para bien, y tráenos a memoria en él para bendición; y ampáranos en él para una buena vida. Y con palabra de salvación y misericordia, considéranos, agrácianos, apiádate, ten misericordia de nosotros y sálvanos; porque nuestros ojos están dirigidos a Ti, pues Tú Dios, eres El Poderoso Rey misericordioso y que agracia.

Y reconstruye a Jerusalén, Tu ciudad, pronto en nuestros días. Bendito eres Tú, El Eterno, que reconstruye a Jerusalén. (Y en silencio se dice): **Amén.**

Bendito eres Tú, El Eterno, Dios nuestro, Rey del universo, para siempre; El Poderoso, nuestro Padre, nuestro Rey, nuestro Soberano, nuestro Creador; nuestro Redentor, nuestro Santo, el Santo de Jacob, nuestro Pastor, el Pastor de Israel, el Rey bueno y bondadoso con todos, que cada día y día Él nos hizo el bien, Él nos hace el bien y Él nos hará el bien. Él nos ha proveído, Él nos provee y Él nos proveerá para siempre con gracia, bondad, misericordia, amplitud, salvación, y todo bien.

El Misericordioso sea alabado sobre Su Trono de Gloria.

El Misericordioso sea alabado en el Cielo y en la Tierra.

El Misericordioso sea alabado en nosotros por todas las generaciones.

El Misericordioso enaltezca el loor de Su pueblo.

El Misericordioso se ensalce en nosotros por siempre y por toda la eternidad.

El Misericordioso nos sustente con honor, y no con deshonra, con lo permitido y no con lo prohibido, con sosiego y no con aflicción.

El Misericordioso otorgue paz entre nosotros.

El Misericordioso envíe bendición, holgura y prosperidad en toda la obra de nuestras manos.

El Misericordioso haga prosperar nuestros caminos.

El Misericordioso quiebre pronto el yugo del exilio que está sobre nuestros cuellos.

El Misericordioso nos conduzca pronto erguidos a nuestra Tierra.

El Misericordioso nos sane con una curación completa, curación del alma y curación del cuerpo.

El Misericordioso nos abra Su mano generosa.

El Misericordioso bendiga a cada uno y uno de nosotros por Su gran Nombre, tal como fueron bendecidos nuestros patriarcas Abraham, Ytzjak y Jacob: «con todo»,[42] «de todo»,[43] «todo»;[44] así nos bendiga Él a nosotros, todos juntos, con bendición completa. Así sea Su voluntad y digamos «Amén».

El Misericordioso extienda sobre nosotros su Sucá de paz.

En Shabat se agrega:

El Misericordioso nos haga heredar el Mundo que será todo Shabat y reposo para vida eterna.

En el comienzo de mes –*Rosh Jodesh*– se agrega:

El Misericordioso renueve sobre nosotros este mes para bien y para bendición.

En día festivo se agrega:

El Misericordioso nos haga heredar el día que es todo bueno.

En los días intermedios entre el primer y último día de la Festividad de Pesaj y Sucot –*Jol Hamoed*– se agrega:

El Misericordioso nos haga llegar con paz a otros plazos –*moadim*– que vendrán próximamente.

En Rosh Hashaná se agrega:

El Misericordioso renueve sobre nosotros este año para bien y para bendición.

En Sucot se agrega:

El Misericordioso nos torne meritorios de habitar en la Sucá de la piel del Leviatán. El Misericordioso envíe sobre nosotros abundancia de santidad y pureza de los siete huéspedes supremos sagrados,[45] cuyo mérito sea por escudo y protección sobre nosotros. El Misericordioso levante para nosotros la Sucá caída de David.

El Misericordioso implante Su Torá y Su amor en nuestros corazones y que Su temor esté en nuestros rostros para que no pequemos. Y que todas nuestras acciones sean en Nombre de los Cielos –El Omnipresente.

Bendición del invitado en casa del anfitrión

El Misericordioso bendiga esta mesa sobre la cual hemos comido y ordene sobre ella todos los manjares del mundo. Y sea como la mesa de nuestro patriarca Abraham; que coma de ella todo el que tiene hambre y beba de ella todo el que tiene sed. Y que no falte de ella ningún bien por siempre jamás, amén. El

Misericordioso bendiga al señor de esta casa y al anfitrión de esta comida, a él, y a sus hijos, y a su esposa, y a todo lo que es de él. Que sus hijos tengan vida, y sus bienes se multipliquen. El Eterno bendiga su casa y acepte la obra de sus manos. Y sus bienes y los nuestros prosperen y estén próximos a la ciudad. Y no se presente ante él, ni ante nosotros, ningún asunto que conlleve a pecado ni un pensamiento de transgresión. Que esté alegre y regocijado todos los días, con riqueza y honor, desde ahora y para siempre. Que no sea avergonzado en este mundo ni humillado en el Mundo Venidero, amén, así sea Su voluntad.

COMIDA DE BODAS:

El Misericordioso bendiga al novio y a la novia con hijos varones dedicados a su servicio, bendito sea. El Misericordioso bendiga a todos los comensales sentados a esta mesa, y El Santo, Bendito Sea, nos otorgue las solicitudes de nuestros corazones, para bien, para su servicio, bendito sea.

CIRCUNCISIÓN

En una comida por una circuncisión se agrega:

El Misericordioso bendiga a este anfitrión, el padre del niño, a él, y su esposa, que dio a luz, desde ahora y por siempre. El Misericordioso bendiga al niño que ha nacido, y así como El Santo, Bendito Sea, lo ameritó para la circuncisión, así lo amerite entrar en la Torá, el palio nupcial, los preceptos, y las buenas acciones, y así sea Su voluntad, y digamos amén. El Misericordioso bendiga al distinguido *moel,* y al que sostuvo al niño, y a los demás que se esforzaron en el precepto, a ellos y todo lo de ellos.

El Misericordioso nos otorgue vida y nos torne merecedores, y nos acerque a los días del Mesías, y la reconstrucción del Templo Sagrado, y la vida en el Mundo Venidero. Grandes (en los días en que se recita la plegaria adicional –*Musaf*–: se reemplaza «grandes» por «Torre») son las salvaciones del Rey, y Él hace bondad a Su ungido, a David, y a su descendencia, eternamente.

«Los leones –los poderosos– decaen y tienen hambre, pero a los que buscan a El Eterno no les faltará ningún bien».[46] «Joven fui, y también he envejecido, y no he visto justo desamparado, ni su descendencia que pida pan. Siempre tiene misericordia, y presta; y su descendencia es para bendición».[47]

Lo que hemos comido sea para saciedad, y lo que hemos bebido, para curación; y lo que ha sobrado sea para bendición, como está escrito: «Y puso delante de ellos y comieron, y les sobró conforme a la palabra de El Eterno».[48] «Benditos vosotros por El Eterno, Hacedor de los Cielos y la Tierra».[49] «Bendito el varón que confía en El Eterno, y El Eterno es su confianza».[50] «El Eterno dará poder a su pueblo; El Eterno bendecirá a su pueblo con paz».[51] El que hace la paz en las Alturas, Él con Su misericordia haga la paz en nosotros y en todo Israel, y dígase amén.

BENDICIÓN POR EL VINO

Aquí finaliza la serie de bendiciones que se recitan después de comer pan –*Birkat Hamazón*–, pero si previamente se pronunció la invitación para bendecir sobre una copa de vino, el que condujo la invitación recita la bendición por el vino, y a continuación bebe el vino.

«Bendito eres Tú, El Eterno, Dios nuestro, Rey del universo, creador del fruto de la vid».

BENDICIÓN FINAL POR EL VINO

Después de beber la copa de vino,[52] recita esta bendición:

Bendito eres Tú, El Eterno, Dios nuestro, Rey del universo, por la vid, y por el fruto de la vid, y por el producto del campo, y por la tierra preciada, buena y amplia que has querido y dado en heredad a nuestros antepasados, para comer de su fruto y saciarse con su bondad. El Eterno, Dios nuestro, ten misericordia de nosotros, de Israel, tu pueblo, y de Jerusalén, tu ciudad, y del Monte de Tzión, la morada de tu Gloria, de tu Altar y de tu Templo. Y reconstruye a Jerusalén, la ciudad santa, pronto en nuestros días, y haznos entrar en su interior, y alégranos con su reconstrucción, y te bendeciremos por ella con santidad y con pureza,

En Shabat se agrega:

y acepta y fortifícanos, en este día de Shabat,

En el comienzo de mes –*Rosh Jodesh*– se agrega:

y recuérdanos para bien en el día de este comienzo de mes,

En Rosh Hashaná se agrega:

y recuérdanos para bien en este Día del Recuerdo, en el día festivo de esta santa convocación,

En la Festividad de Pesaj se agrega:

y alégranos en el día de esta Festividad del Pan Ácimo, en el día festivo de esta santa convocación,

En *Jol Hamoed* Pesaj se agrega:

y alégranos en el día de esta Festividad del Pan Ácimo, en el día de esta santa convocación,

En la Festividad de Shavuot se agrega:

y alégranos en el día de esta Festividad de Shavuot, en el día festivo de esta santa convocación,

En la Festividad de Sucot se agrega:

y alégranos en el día de esta Festividad de Sucot, en el día festivo de esta santa convocación,

En los días intermedios entre el primer y último día de la Festividad de Sucot –*Jol Hamoed*– se agrega:

y alégranos en el día de esta Festividad de Sucot, en el día de esta santa convocación,

En la Festividad de Simja Torá y Sheminí Atzeret se agrega:

y alégranos en el día de esta Festividad de Sheminí Atzeret, en el día festivo de esta santa convocación,

Pues Tú El Eterno eres bueno y haces el bien a todos, y te agradecemos (El Eterno, Dios nuestro) por la tierra y por el fruto de la vid. Bendito eres Tú, El Eterno, por la tierra y por el fruto de la vid.

XII
BIRKAT HAMAZÓN
SEGÚN LA TRADICIÓN ASHKENAZÍ

SALMO PARA LOS DÍAS COMUNES

Cuando se termina de comer, antes de pronunciarse la bendición final por el alimento otorgado, se recita un Salmo, y después se lavan los dedos de ambas manos con agua. El siguiente Salmo se recita en los días comunes de la semana, o sea, en los días que no son Shabat, día festivo, o principio de mes, u otro día en que no se pronuncia en la plegaria el pedido de misericordia denominado *tajanun*:

> **Junto a los ríos de Babilonia, allí nos sentamos, y también lloramos, acordándonos de Tzión. En medio de ella colgamos nuestras arpas sobre los sauces. Pues los que nos habían llevado cautivos nos pidieron que entonáramos allí cánticos, y los que se burlaron de nosotros –nos solicitaron para ellos– alegría, –diciendo–: «Cantadnos de los cánticos de Tzión». «¿Cómo cantaremos el cántico de El Eterno en tierra extraña?**[53] **Si me olvidare de ti, Jerusalén, mi diestra olvide su destreza. Mi lengua se adhiera a mi paladar, si no me acordare de ti; si no enalteciere a Jerusalén como asunto predominante de mi alegría. El Eterno, acuérdate de los hijos de Edom, que en el día de Jerusalén dijeron: "Arrasadla, arrasadla**

hasta los cimientos". Hija de Babilonia, la que ha de ser asolada, bienaventurado el que te dé el pago que mereces por lo que nos has hecho. Bienaventurado el que tome y estrelle tus niños contra la roca».[54]

Salmo para Shabat y días festivos

El siguiente Salmo se recita antes de lavarse los dedos con las últimas aguas en Shabat, días festivos, principio de mes, y en los demás días en que no se pronuncia en la plegaria el pedido de misericordia denominado *tajanun*:

> **Cántico de los peldaños:**[55] **Cuando El Eterno haga volver a los exiliados de Tzión, seremos como soñadores.**[56] **Entonces nuestras bocas se llenarán de risa, y nuestras lenguas de alabanza; entonces, entre las naciones dirán: «El Eterno ha hecho cosas grandiosas por éstos». «El Eterno ha hecho cosas grandiosas por nosotros, estaremos alegres. Haz volver nuestra cautividad, El Eterno, como los cursos de agua de la tierra árida». Los que siembran con lágrimas, segarán con regocijo. Camina y lleva la bolsa de semilla llorando, mas volverá con regocijo, trayendo sus gavillas.**[57]

Las últimas aguas

Después de recitar el Salmo correspondiente, se lavan los dedos con las últimas aguas. Y se guarda silencio hasta culminar la serie de bendiciones que se recitan después de comer pan, no interrumpiendo en absoluto con ningún tipo de conversación. Sólo se pronuncia la invitación para bendecir si corresponde, o sea, en el caso en que participaron de la comida tres hombres, o más; e inmediatamente se recitan las bendiciones para después de comer.

La invitación para bendecir

Si participaron de la comida tres hombres, o más, se pronuncia la invitación para bendecir, que se denomina *zimún*, y es correcto hacerlo sobre una copa de vino.

Tres comensales

Cuando tres o más hombres mayores de 13 años comieron juntos, uno de ellos, el que conducirá la invitación para bendecir, dice:

«Señores, bendigamos».

Y los demás comensales responden:

«Sea el Nombre de El Eterno bendecido de ahora y por la eternidad».

Después, el que conduce la invitación para bendecir también responde:

«Sea el Nombre de El Eterno bendecido de ahora y por la eternidad».

Y a continuación dice:

«Con vuestro permiso señores y maestros, bendigamos pues hemos comido de lo de Él».

Entonces los demás comensales responden:

«Bendito sea, pues hemos comido de lo de Él, y vivimos por Su bondad».

Después de que los comensales pronuncian la declaración mencionada, el que conduce la invitación para bendecir también declara:

«Bendito sea, pues hemos comido de lo de Él, y vivimos por Su bondad».

Y a continuación se pronuncia la serie de bendiciones que se recita después de comer pan –*Birkat Hamazón*.

DIEZ COMENSALES

Si los hombres que estaban sentados a la mesa eran diez, mayores de 13 años, se debe mencionar el Nombre de Dios en la invitación para bendecir. Por tanto, uno de los comensales dice:

«Señores, bendigamos».

Y los demás comensales responden:

«Sea el Nombre de El Eterno bendecido de ahora y por la eternidad».

Después, el que conduce la invitación para bendecir también responde:

«Sea el Nombre de El Eterno bendecido de ahora y por la eternidad».

Y a continuación dice:

«Con vuestro permiso señores y maestros, bendigamos a nuestro Dios, pues hemos comido de lo de Él».

Entonces los demás comensales responden:

«Bendito sea nuestro Dios, pues hemos comido de lo de Él, y vivimos por Su bondad».

Después de que los comensales pronuncian la declaración mencionada, el que conduce la invitación para bendecir también declara:

«Bendito sea nuestro Dios, pues hemos comido de lo de Él, y vivimos por Su bondad».

Y a continuación se pronuncia la serie de bendiciones que se recita después de comer pan –*Birkat Hamazón*.

DIEZ COMENSALES EN UNA COMIDA DE BODAS

Si los hombres mayores de 13 años que estaban sentados a la mesa en una comida de bodas eran diez, se debe mencionar el Nombre de Dios en la invitación para bendecir. Por tanto, uno de los comensales dice:

«Aparta de nosotros la aflicción, y también la ira, y entonces el mudo[58] entonará cántico de alabanza. Condúcenos por sendas rectas; acepta las bendiciones de los hijos de Yeshurún,[59] –y entre ellos– los hijos de Aarón. Con vuestro permiso señores y maestros, bendigamos a nuestro Dios, en cuya Casa hay alegría, pues hemos comido de lo de Él».

Entonces los demás comensales responden:

«Bendito sea nuestro Dios, en cuya Casa hay alegría, pues hemos comido de lo de Él, y vivimos por Su bondad».

Después de que los comensales pronuncian la declaración mencionada, el que conduce la invitación para bendecir también declara:

«Bendito sea nuestro Dios, en cuya Casa hay alegría, pues hemos comido de lo de Él, y vivimos por Su bondad».

Y a continuación se pronuncia la serie de bendiciones que se recita después de comer pan –*Birkat Hamazón*.

COMIDA POR UNA CIRCUNCISIÓN

Si había diez comensales, el comensal que dirige la invitación para bendecir dice:

«Hemos de agradecer en Tu Nombre en medio de la fidelidad –de Israel–;[60] bendecidos seáis en El Eterno. Con permiso de Dios temible y pavoroso, Fortaleza en momentos de aflicción, Dios ceñido de poder, Señor en las Alturas, El Eterno».

Y los demás comensales responden:

«Hemos de agradecer en Tu Nombre en medio de la fidelidad –de Israel–; bendecidos seáis en El Eterno».

El que dirige la invitación para bendecir dice:

«Con el permiso de la sagrada Torá, que es pura, y explícita, la cual nos ordenó para heredarla –a nuestros hijos– **Moshé, el siervo de El Eterno».**

Y los demás comensales responden:

«Hemos de agradecer en Tu Nombre en medio de la fidelidad –de Israel–; **bendecidos seáis en El Eterno».**

El que dirige la invitación para bendecir dice:

«Con el permiso de los sacerdotes y los levitas, invocaré a El Dios de los hebreos, le agradeceré ante todas las naciones, bendeciré a El Eterno».

Y los demás comensales responden:

«Hemos de agradecer en Tu Nombre en medio de la fidelidad –de Israel–; **bendecidos seáis en El Eterno».**

El que dirige la invitación para bendecir dice:

«Con vuestro permiso señores y maestros, abriré con cántico de mi boca y mis labios, y díganlo todos mis huesos: "Bendito el que viene en Nombre de El Eterno"».

Y los demás comensales responden:

«Hemos de agradecer en Tu Nombre en medio de la fidelidad –de Israel–; **bendecidos seáis en El Eterno».**

A continuación, el que dirige la invitación para bendecir dice:

«Con vuestro permiso señores y maestros, bendigamos a nuestro Dios, pues hemos comido de lo de Él».

Entonces los demás comensales responden:

«Bendito sea nuestro Dios, pues hemos comido de lo de Él, y vivimos por Su bondad».

Después de que los comensales pronuncian la declaración mencionada, el que conduce la invitación para bendecir también declara:

«Bendito sea nuestro Dios, pues hemos comido de lo de Él, y vivimos por Su bondad».

Y a continuación se pronuncia la serie de bendiciones que se recita después de comer pan –*Birkat Hamazón*.

BIRKAT HAMAZÓN

Esta es la serie de bendiciones que se recitan después de comer pan –*Birkat Hamazón*.

PRIMERA BENDICIÓN

[61]**Bendito eres Tú, El Eterno, Dios nuestro, Rey del universo, Quien alimenta al mundo entero con Su benevolencia, con gracia, bondad y misericordia. Él proporciona alimento a todos los seres vivientes, porque Su bondad es eterna. Y por Su gran bondad nunca nos faltó alimento ni nos faltará jamás; en aras de Su gran**

Nombre, pues Él es El Dios que alimenta y sustenta a todos, y beneficia a todos, y dispone alimento para todos los seres que creó (como está escrito: «Abres Tu mano, y satisfaces la voluntad de todo ser viviente»).[62] Bendito eres Tú, El Eterno, que alimenta a todos.

SEGUNDA BENDICIÓN

El Eterno, Dios nuestro, Te agradecemos porque has dado en heredad a nuestros ancestros una tierra deseable, buena y amplia; y porque Tú, El Eterno, Dios nuestro, nos has sacado de la tierra de Egipto, y nos has redimido de una casa de esclavos. Y por Tu Pacto que has sellado en nuestra carne, y por Tu Torá que nos has enseñado, y por Tus leyes que nos hiciste saber, y por la vida, la gracia, y la bondad con que nos has agraciado, y por el alimento nutriente con que nos alimentas y sustentas siempre, cada día, y en todo momento y a toda hora.

AGREGADO PARA PURIM

Y –te agradecemos– por los milagros, y por la redención, y por los actos de poder, y por las salvaciones, y por las batallas, que has realizado a nuestros ancestros en aquellos días en esta fecha.

En los días de Mordejai y Ester, en la capital Shushán, cuando se levantó contra ellos el malvado Hamán, solicitó destruir, asesinar y aniquilar a todos los judíos, desde el joven hasta el anciano, niños y mujeres, en un día, el trece del mes duodécimo, que es el mes Adar, y saquear su botín. Y Tú, con tus abundantes misericordias anulaste su idea, frustraste su pensamiento, y le hiciste volver sobre su cabeza la acción que planeaba, y lo colgaron a él y a sus hijos en el palo.

Y –te agradecemos– **por los milagros, y por la redención, y por los actos de poder, y por las salvaciones, y por las batallas, que has realizado a nuestros ancestros en aquellos días en esta fecha.**

En los días de Matitiahu, hijo de Yojanán el sumo sacerdote jashmonita y sus hijos, cuando se levantó el perverso reino helénico contra Tu pueblo Israel para hacerles olvidar Tu Torá y apartarlos de los decretos de Tu voluntad, y Tú, con Tus abundantes misericordias, Te levantaste por ellos en el momento de su aflicción; libraste sus batallas, juzgaste el juicio de ellos, vengaste la venganza de ellos, entregaste a fuertes en manos de débiles, a muchos en manos de pocos, a impuros en manos de puros, a malvados en manos de justos, y a pecadores deliberados en manos de quienes se ocupaban de –estudiar y cumplir– **Tu Torá. Y has hecho un Nombre grande y santo para Ti en Tu mundo, y para Tu pueblo Israel realizaste una gran salvación y redención hasta este día. Y después Tus hijos entraron al Lugar de Tu Casa, limpiaron Tu Templo, purificaron Tu Santuario, encendieron luminarias en Tus sagrados atrios, y establecieron estos ocho días de Januca para agradecer y alabar Tu gran Nombre.**

Y por todo esto, El Eterno, Dios nuestro, nosotros Te agradecemos y Te bendecimos. Tu Nombre sea alabado por la boca de todo ser viviente por siempre jamás, como está escrito: «Comerás y te saciarás y bendecirás al Eterno, tu Dios, por la buena Tierra que te dio».[63] Bendito eres Tú, El Eterno, por la Tierra y por el alimento.

El Eterno, Dios nuestro, ten misericordia de Tu pueblo Israel, y de Tu ciudad, Jerusalén; y del monte de Tzión, la morada de Tu Gloria; y del reino de la casa de David Tu ungido, y de la Casa grande y sagrada que fue llamada a Tu Nombre. Dios nuestro, Padre nuestro, Pastor nuestro, aliméntanos, susténtanos, provéenos de nuestras necesidades con abundancia, y líbranos pronto El Eterno, Dios nuestro, de todas nuestras aflicciones. Y por favor, El Eterno, Dios nuestro, no nos hagas tener necesidad de dádivas de seres humanos, ni préstamos de ellos, sino sólo de Tu mano llena, abierta, sagrada y amplia, para que no seamos jamás avergonzados ni humillados.

AGREGADO PARA SHABAT

Complácete en fortificarnos, El Eterno, Dios nuestro, en Tus preceptos y en el precepto del séptimo día, este Shabat grande y sagrado. Pues éste es un día grande y sagrado delante de Ti, para descansar en él, y reposar en él con amor, conforme al precepto de Tu voluntad. Con Tu buena voluntad, El Eterno, Dios nuestro, otórganos sosiego, y que no haya aflicción ni angustia en el día de nuestro reposo. Y muéstranos el consuelo de Tzión, Tu Ciudad, y la reedificación de Jerusalén, Tu ciudad sagrada, pues Tú eres El Señor de las salvaciones y El Señor de los consuelos.

AGREGADO PARA *ROSH JODESH* Y FESTIVIDADES

Dios nuestro y Dios de nuestros padres, ascienda, venga, llegue, y sea visto, aceptado, escuchado, rememorado y recordado ante Ti nuestro recuerdo y nuestra memoria, y el recuerdo de nuestros padres, y el recuerdo del Mesías hijo de David Tu siervo, y el recuerdo de Jerusalén, Tu ciudad santa, y el recuerdo de todo Tu pueblo, la Casa de Israel, ante Ti, para salvación, para gracia, bien, misericordia, buena vida y paz, en el día de

En el comienzo de mes –*Rosh Jodesh*– se agrega:
este comienzo de mes

En la Festividad de Pesaj se agrega:
esta Festividad del Pan Ácimo

En la Festividad de Shavuot se agrega:
esta Festividad de Shavuot.

En la Festividad de Sucot se agrega:
esta Festividad de Sucot.

En Rosh Hashaná se agrega:
este Día del Recuerdo.

En la Festividad de Simja Torá y Sheminí Atzeret se agrega:
esta Festividad de Sheminí Atzeret

El Eterno, nuestro Dios, recuérdanos en él –en este día–, para bien, y tráenos a memoria en él para bendición; y ampáranos en él para una buena vida. Y con palabra de salvación y misericordia, considéranos, agrácianos, ten misericordia de nosotros y sálvanos; porque nuestros ojos están dirigidos a Ti, pues Tú Dios, eres El Rey misericordioso y que agracia.

Y reconstruye a Jerusalén, la ciudad sagrada, pronto en nuestros días. Bendito eres Tú, El Eterno, que con Sus misericordias reconstruye a Jerusalén. Amén.

Bendito eres Tú, El Eterno, Dios nuestro, Rey del universo, El Poderoso, nuestro Padre, nuestro Rey, nuestro Soberano, nuestro Creador; nuestro Redentor, nuestro Formador, nuestro Santo, el Santo de Jacob, nuestro Pastor, el Pastor de Israel, el Rey bueno y bondadoso con todos, que cada día y día hizo el bien, hace el bien y hará el bien por nosotros; que nos ha proveído, nos provee y nos proveerá para siempre con gracia, bondad, misericordia, amplitud, rescate, éxito, bendición, salvación, consuelo, sustento, manutención, y –todo con– misericordia, y vida, paz, y todo bien, y que de todo bien jamás nos falte.

El Misericordioso reine sobre nosotros por siempre jamás.

El Misericordioso sea bendecido en el Cielo y en la Tierra.

El Misericordioso sea alabado por todas las generaciones, y se ensalce con nosotros por siempre y por toda la eternidad.

El Misericordioso nos sustente con honor.

El Misericordioso quiebre pronto el yugo del exilio que está sobre nuestros cuellos, y Él nos conduzca erguidos a nuestra Tierra.

El Misericordioso nos envíe abundante bendición a esta casa y sobre esta mesa de la cual hemos comido.

El Misericordioso nos envíe al profeta Eliahu, recordado para bien, y nos anuncie buenas noticias, salvaciones y consuelos.

BENDICIÓN DEL INVITADO EN CASA DE UN ANFITRIÓN

Sea Su voluntad que este anfitrión no sea avergonzado en este mundo ni humillado en el Mundo Venidero. Y prospere mucho en todos sus bienes. Y que sus bienes y nuestros bienes prosperen y estén próximos a la ciudad. Y el Satán no ejerza dominio en la obra de sus manos ni en la obra de nuestras manos. Y no se presente ante él, ni ante nosotros, ningún pensamiento de pecado, transgresión, ni falta, desde ahora y para siempre.

BENDICIÓN DEL INVITADO EN CASA DE UNA ANFITRIONA

Sea Su voluntad que esta anfitriona no sea avergonzada en este mundo ni humillada en el Mundo Venidero. Y prospere mucho en todos sus bienes. Y que sus bienes y nuestros bienes prosperen y estén próximos a la ciudad. Y el Satán no ejerza dominio en la obra de las manos de ella ni en la obra de nuestras manos. Y no se presente ante él, ni ante nosotros, ningún pensamiento de pecado, transgresión, ni falta, desde ahora y para siempre.

COMIDA EN UNA MESA AJENA

Los hijos que comen con sus padres, a la mesa de ellos, y los invitados que comen a la mesa del anfitrión, dicen esto (lo que está entre paréntesis se agrega sólo en el caso en que corresponda):

El Misericordioso bendiga a (mi padre, mi instructor), **señor de esta casa, y** (a mi madre, mi orientadora), **señora de esta casa.**

A ellos y a sus posesiones, y a su simiente, y a todo lo que poseen. A nosotros y a todo lo que poseemos, como fueron bendecidos nuestros patriarcas Abraham Ytzjak y Jacob: «con todo»,[64] **«de todo»,**[65] **«todo»;**[66] **así nos bendiga Él a nosotros, todos juntos, con bendición completa, y digamos Amén.**

COMIDA EN SU PROPIA MESA

El que come a su propia mesa dice:

El Misericordioso, bendíceme a mí (aquí se agrega lo que corresponda: y a mi padre, mi instructor, y a mi madre, mi orientadora, y a mi mujer, y a mis hijos), **y a todo lo que poseo.**

A nosotros y a todo lo que poseemos, como fueron bendecidos nuestros patriarcas Abraham Ytzjak y Jacob: «con todo», «de todo», «todo»; así nos bendiga Él a nosotros, todos juntos, con bendición completa, y digamos Amén.

Que en las Alturas se manifieste (sobre ellos y) **sobre nosotros un mérito que sea por guarda de paz, y recibamos la bendición de El Eterno, y justicia de El Dios de nuestra salvación, y que hallemos gracia y buena comprensión en los ojos de Dios y los seres humanos.**

COMIDA POR UNA CIRCUNCISIÓN

En una comida por una circuncisión, uno de los comensales recita aquí las siguientes estrofas en voz alta, y los demás responden amén después de cada una de las mismas:

El Misericordioso bendiga al padre del niño, y a su madre, y tengan el mérito de criarlo, educarlo, y dotarlo de sabiduría, a partir del octavo día en adelante, y sea su sangre –de la circuncisión– **aceptada, y El Eterno, su Dios, esté con él.**

Los demás comensales responden:
Amén.

El Misericordioso bendiga al señor del pacto de la circuncisión, que se alegró de cumplir este precepto con gozo, y se le otorgue pago por su acción, y su recompensa sea doble, y se enaltezca mucho.

Los demás comensales responden:
Amén.

El Misericordioso bendiga al tierno niño que ha sido circuncidado en el octavo día, y sean sus manos y su corazón fieles a Dios, y tenga el mérito de contemplar a la Presencia Divina tres veces al año.

Los demás comensales responden:
Amén.

El Misericordioso bendiga al que circuncidó la carne del prepucio, y quitó la piel –*periá*–, **y absorbió la sangre de la circuncisión; pues el hombre temeroso, de corazón frágil, que no realiza estas tres acciones, su servicio es inválido.**

Los demás comensales responden:
Amén.

El Misericordioso nos envíe a su Mesías de andar íntegro, en mérito de la sangre del niño circuncidado, para que nos anuncie buenas noticias y consuelos, al pueblo único, esparcido disperso entre las naciones.

Los demás comensales responden:
Amén.

El Misericordioso nos envíe al justo sacerdote –Elías–, que fue tomado y ocultado, hasta que sea dispuesto su trono como el Sol y los brillantes, pues cubrió su rostro con su capa cuando tuvo el mérito de presenciar la revelación –de la Presencia Divina–, **y Mi pacto estuvo con él, la vida y la paz.**

Los demás comensales responden:
Amén.

SHABAT, *ROSH JODESH*, Y FESTIVIDADES

En Shabat se agrega:

El Misericordioso nos haga heredar el día que será todo Shabat y reposo para vida eterna.

En el comienzo de mes –*Rosh Jodesh*– se agrega:

El Misericordioso renueve sobre nosotros este mes para bien y para bendición.

En día festivo se agrega:

El Misericordioso nos haga heredar el día que es todo bueno.

En Rosh Hashaná se agrega:

El Misericordioso renueve sobre nosotros este año para bien y para bendición.

En Sucot se agrega:

El Misericordioso levante para nosotros la Sucá caída de David.

El Misericordioso nos haga merecedores de los días del Mesías, y la vida en el Mundo Venidero. Grandes (en los días en que se recita la plegaria adicional –Musaf–: se reemplaza «grandes» por «Torre») **son las salvaciones del Rey, y Él hace bondad a Su ungido, a David, y a su descendencia, eternamente. El que hace la paz en las Alturas, Él haga la paz en nosotros y en todo Israel, y dígase amén.**

Temed a El Eterno, vosotros sus santos, pues no hay carencia para los que le temen. Los leones –los poderosos– **decaen y tienen hambre, pero a los que buscan a El Eterno no les faltará ningún bien.**[67] **Alabad a El Eterno, porque Él es bueno, pues su bondad es eterna.**[68] **Abres Tu mano, y satisfaces la voluntad de todo ser viviente.**[69] **Bendito el varón que confía en El Eterno, y cuya confianza es El Eterno.**[70] **Joven fui, y también he envejecido, y no he visto justo desamparado, ni su descendencia que pida pan.**[71] **El Eterno dará poder a su pueblo; El Eterno bendecirá a su pueblo con paz.**[72]

Final de la serie de bendiciones que se recitan después de comer pan –*Birkat Hamazón.*

El vino final

Tras culminar el recitado de *Birkat Hamazón*, en el caso en que previamente se pronunció la invitación para bendecir sobre una copa de vino, el que condujo la invitación recita la bendición por el vino y a continuación bebe el vino.

Bendición por el vino

Antes de beber el vino recita esta bendición:

> **Bendito eres Tú, El Eterno, Dios nuestro, Rey del universo, creador del fruto de la vid.**

Bendición final por el vino

Después de beber la copa de vino,[73] recita esta bendición:

> **Bendito eres Tú, El Eterno, Dios nuestro, Rey del universo, por la vid, y por el fruto de la vid, y por el producto del campo, y por la tierra preciada, buena y amplia que has querido y dado en heredad a nuestros antepasados, para comer de su fruto y saciarse con su bondad. El Eterno, Dios nuestro, ten misericordia de Israel, tu pueblo, y de Jerusalén, tu ciudad, y de Tzión, la morada de tu Gloria, y de tu Altar y de tu Templo. Y reconstruye a Jerusalén, la ciudad santa, pronto en nuestros días, y haznos entrar en su interior, y alégranos con su reconstrucción, y comeremos de sus frutos, y nos saciaremos de su bien, y te bendeciremos por ella con santidad y con pureza,**

En Shabat se agrega:

y acepta y fortifícanos, en este día de Shabat,

En el comienzo de mes –*Rosh Jodesh*– se agrega:

y recuérdanos para bien en el día de este comienzo de mes,

En Rosh Hashaná se agrega:

y recuérdanos para bien en este Día del Recuerdo,

En la Festividad de Pesaj se agrega:

y alégranos en el día de esta Festividad del Pan Ácimo,

En la Festividad de Shavuot se agrega:

y alégranos en el día de esta Festividad de Shavuot,

En la Festividad de Sucot se agrega:

y alégranos en el día de esta Festividad de Sucot,

En la Festividad de Simja Torá y Sheminí Atzeret se agrega:

y alégranos en el día de esta Festividad de Sheminí Atzeret,

Pues Tú El Eterno eres bueno y haces el bien a todos, y te agradecemos por la tierra y por el fruto de la vid. Bendito eres Tú, El Eterno, por la tierra y por el fruto de la vid.

APÉNDICE

Aguas adecuadas para purificar

En el Código Legal se declara: «Las aguas que su aspecto se alteró, tanto por sí mismas, o por causa de algo que cayó en su interior, o por causa del lugar, son inválidas –para lavarse las manos para comer pan–» (Código Legal Shulján Aruj: *Oraj Jaim* 160:1).

Explicación

El enunciado mencionado corresponde a la primera ley del apartado 160 del volumen denominado *Oraj Jaim* del Código Legal, y ahora, veremos la explicación: lo tocante al cambio del aspecto de las aguas se aprende del agua de la fuente que había en el Templo Sagrado para purificarse las manos, las cuales eran inválidas cuando cambiaba su aspecto (Beit Iosef).

Y lo que se dijo: «por sí mismas», ésta es la explicación: por ejemplo, en el caso en que estuvieron en un recipiente durante mucho tiempo, hasta que se tornaron de un color verdoso a través del aire caluroso.

Ahora bien, Rabí Yosef Karo, el compilador del Código Legal –Shulján Aruj– transcribió esta sentencia del compendio denominado Tur. Sin embargo, en la enciclopedia de Maimónides no se menciona que las aguas son inválidas sino cuando se alteraron a través de otra cosa, y así lo probaron los sabios postreros y acordaron que son permitidas cuando cambió su aspecto por causa de ellas mismas, o sea, por sí solas.

Resulta, pues, que lo que se dijo arriba, es a priori, pero a posteriori, cuando el aspecto de las aguas cambió por sí solo, sin que otra cosa cayera a su interior, las mismas son permitidas para purificarse las manos.

A continuación consta en la ley: «por causa de algo que cayó en su interior»: por ejemplo tinta u otro tipo de pigmentos, o pintura. Y aunque sea que lo que cayó y provocaba el cambio de color no se disolvió completamente en el interior de las aguas, sino que a través de estar sumergido en su interior cambió el aspecto de las mismas. Y la misma ley se aplica al caso en que se alteró su aspecto a través de algún tipo de humo, u alguna otra cosa, ya que solamente cuando su aspecto se altera por causa de ellas mismas son aptas.

Por tanto, el agua que su aspecto cambia a través del barro o el lodo que se mezcla con las mismas no se considera cambio de aspecto. Ya que así es el modo del desarrollo de las aguas, estando mezcladas con barro y lodo. Y además, finalmente, cuando se aquieten, volverán a tornarse transparentes.

Asimismo se dijo: «por causa del lugar»: tanto si las aguas se alteraron cuando estaban colocadas en el suelo, tanto si se alteraron cuando fueron extraídas en el recipiente y se alteraron por medio del recipiente (Mishná Berurá).

El agua y la voluntad

Asimismo, en el Compendio Legal se enunció a continuación: «Si realizó con las aguas una labor, o sumergió en ellas su pan, incluso cuando tuvo la intención de sumergir en un recipiente, y cayó en un segundo recipiente, son inválidas. Y si enfrió vino con las aguas, son inválidas. Y si lavó utensilios, esas aguas son inválidas. Y si los utensilios estaban limpios, o eran nuevos, las aguas son aptas. Y si el panadero sumergió en las aguas las tortas, son inválidas. Sin embargo, si sumergió sus manos en las aguas y untó las tortas, o tomó de ellas en sus puños, las aguas que quedaron no se hizo con ellas una labor, y por eso son aptas si no cambió su aspecto. Apéndice –*hagaá*–: y la misma ley se aplica a las aguas con que el panadero se lava las manos de la masa que se adhirió a sus manos» (Shulján Aruj: *Oraj Jaim* 160:2).

EXPLICACIÓN

Ésta es la explicación: «una labor»: cuando una persona realiza con las aguas algo para su necesidad, se las considera como aguas desechadas, que están dispuestas para ser arrojadas, y son inválidas para lavarse las manos para comer pan.

«Cuando sumergió en ellas»: se considera una labor y las aguas se convirtieron en desechadas, e incluso si sumergió en ella otro hombre que no es el dueño de las aguas. Y lo mismo con las demás labores, no hay diferencia entre él mismo y otros.

«Incluso si tuvo intención […]»: ya que de todos modos tuvo la intención de sumergir su pan en agua; pero si no tuvo intención en absoluto de sumergir su pan, y cayó por sí solo en el agua, las mismas son aptas, debido a que no se las considera como desechadas. Y la misma ley se aplica al caso en que cayó un recipiente al agua y se lavó sin intención. Y si una vestimenta cayó al interior de las aguas y la sacó de allí, las aguas no se tornaron inválidas debido a que no tuvo intención, al igual que en el caso del pan. Pero las aguas que extrajo de la vestimenta al estrujarla son inválidas (Ajaronim).

«Y si enfrió […]»: ya que se considera una labor, pues fue enfriado a través de las aguas. Y si el vino estaba frío y lo colocó en las aguas solamente para que no se calentara a causa del calor de la temperatura ambiental, las mismas son aptas. Y la misma ley se aplica al caso en que colocó en el interior de las aguas peces vivos para que no murieran. Porque todo esto no se denomina labor, ya que las aguas no realizan ninguna acción, solamente resguardan lo que se le colocó en su interior. E incluso si murió el pez que se colocó en su interior, las aguas no se tornaron inválidas (Eliah Raba).

«Y si lavó [...]»: de algo que estaba adherido a ellos, o para quitar de ellos el olor.

«Utensilios»: y la misma ley se aplica al caso en que lavó en ellos verduras. Y se entiende de aquí que sí estaban lavadas y limpias, las aguas son aptas, porque no se denomina labor en absoluto, tal como el caso de los utensilios (Maguen Abraham). Ahora bien, si la persona sumergió en esas aguas verduras para que no se marchiten, Maguen Abraham y otros sabios postreros consideran que se denomina labor y son inválidas. Aunque hay sabios que permiten a posteriori si están frescas y limpias de polvo, y las colocó allí solamente para que conserven su humedad. Y si después dispone de otras aguas, es correcto que se lave las manos para purificarse por segunda vez, pero sin recitar la bendición correspondiente.

«Son inválidas»: y la misma ley se aplica a las demás labores. Por ejemplo si colocó en el interior de las aguas utensilios que se resquebrajaron en los días calurosos del verano para que se contraigan. O si tomó medidas con esas aguas. Y asimismo si las aguas estaban colocadas en recipientes con marcas de medición para medir (de modo que cuando se coloca en el interior lo que se desea medir, las aguas ascienden hasta esas marcas y se sabe la medida de lo que se colocó), y si colocó en su interior algo para medir, se considera una labor, y las aguas son inválidas (Maguen Abraham y otros sabios postreros). Y si colocó en el interior de las aguas algo que emitía aroma, escribió Shl"a, que las aguas son prohibidas para el lavado de purificación de las manos. Sin embargo, otros sabios postreros acordaron que no hay prohibición en absoluto, porque no hace ninguna labor con las aguas, sino que las mejora.

«O eran nuevos»: y si había en ellos polvillo, en ese caso necesitaban ser lavados y las aguas son inválidas.

Si la persona probó un recipiente en las aguas para ver si estaba agujereado, viendo si chorreaba agua, o no, no debe considerarse que se hace una labor, ya que las aguas no realizan ninguna acción, y sólo se trata de descubrir algo. Así consta en Jidushei Rabí Akiva Heiguer. De todos modos, se concluye que el asunto requiere observación para dar el veredicto final. Y la opinión de Birkei Yosef en el nombre de Beit David, es ser riguroso con esto.

«Si sumergió [...]»: pues sumergir las manos solamente no se considera una labor. Y además, las aguas no se tornan despreciables a través de sumergir las manos, por eso no se consideran como desechadas. E incluso cuando las manos no estaban lavadas, las aguas no se impurifican a través de tocarlas −tal como se explica en el inciso 11 (Maguén Abraham).

«Las tortas»: son una especie de masas que después de prepararlas se suele untar su parte superior con agua; y a veces se las sumerge en agua, y a veces, el que las hace sumerge sus manos en agua y unta la parte superior de las mismas.

«Las que quedaron no se hizo con ellas una labor»: se refiere a las aguas que quedaron en el recipiente. Pero esas aguas que se encuentran en sus puños y untó con ellas la parte superior de las tortas, he aquí que aquí se realizó con ellas una labor.

Y la misma ley se aplica a las aguas con que el panadero se lava las manos de la masa que se adhirió a sus manos: pues por lo común las manos de quien se ocupa de la masa están limpias y no hay en ellas suciedad, y es como el caso del lavado de utensilios que estaban limpios, que mencionamos previamente (Beit Yosef). Y por causa de la masa adherida, se puede decir que no se considera una labor, posiblemente porque puede quitarla de sus manos sin necesidad de lavarlas. Y Turei Zahav discrepa en esta sentencia, y prueba que Maimónides sostiene que se considera una labor absoluta, pues se lava las manos de la masa adherida. Y así estableció la ley Rasha"l y también acordaron los demás sabios postreros (Mishná Berurá).

Texto para recitar antes de purificarse las manos

Antes de purificarse las manos con agua para comer pan es correcto pronunciar esta declaración:

En nombre de la unicidad de El Santo, Bendito Sea, y Su Presencia Divina –*Shejiná*–, con temor reverencial y amor, para unificar El Nombre –que se escribe con las letras– *Iud* y *He*, con las letras *Vav* y *He* –para completar el Tetragrama–, con unicidad íntegra en nombre de todo Israel. Yo me dispongo a cumplir el precepto activo de los sabios de lavarme las manos para purificarlas y frotarlas bien antes de la comida, para generar satisfacción a mi Formador y para hacer la voluntad de mi Creador, rectificando la raíz de este precepto en el lugar supremo. Y sea Tu voluntad, Dios mío y Dios de mis padres, que este precepto del lavado de las manos para purificarlas y el frotado de las mismas antes de la comida, sea considerado, recibido y aceptado ante Ti como si yo me hubiese concentrado en todo que lo que es apropiado concentrarse. Y por el mérito del precepto de la bendición por la purificación de las manos, que pronunciaré antes de la comida, sea ahora momento de buena voluntad ante Ti, y se proyecte de la Luz Infinita, abundancia de facultades cognitivas cósmicas, y grandes irradiaciones de luminosidad, a los doce cuerpos cósmicos denominados *Partzufim* indicados en las diez emanaciones cósmicas –*sefirot*– generales, que están aludidas en los diez dedos de las manos. Y de allí recibamos abundancia de las diez bendiciones, como está escrito: «Dios te dé (para que se proyecte de la Luz Infinita la energía de las facultades cognitivas cósmicas –*mojín*–, y abundancia) del rocío del Cielo (energía de la emanación cósmica denominada Jojmá), y de lo selecto de la tierra (energía de la emanación cósmica denominada Biná), y abundancia de trigo (energía de la emanación cósmica denominada Daat) y de mosto (energía de la emanación cósmica denominada Jesed). Los pueblos te sirvan (energía de la emanación cósmica denominada Guevurá), y las naciones se prosternen a ti (energía de la emanación cósmica denominada Tiferet), sé señor (energía de la emanación cósmica denominada Netzaj) de tus hermanos (energía de la emanación cósmica denominada Hod), y se prosternen ante ti los hijos de tu madre (energía de la emanación cósmica denominada Iesod); malditos los que te maldijeren, y benditos los que te bendijeren (energía de la emanación cósmica denominada Maljut» (Génesis 27:28-29) (Ben Ish Jai).

Las 14 secciones de la mano

Fue enseñado: «al lavarse las manos para purificarlas, el agua debe llegar a todas las partes de la mano. Ya que en la mano hay catorce secciones,[74] y en conjunto se denominan mano –*iad*–. Pues el valor numérico de *iad* es 14. Resulta, pues, que en la palabra *iad* se indican las catorce secciones de la mano. Y a esto se refiere el misterio de lo que está escrito: «Porque la mano está sobre el Trono de Dios» (Éxodo 17:16). Tal como enseñó Rav Amnuna el anciano: las letras del alfabeto hebreo se asocian a partir del comienzo con el final en el sistema denominado *At Bash*. Y todas esas catorce partes de la mano están dispuestas según esas combinaciones del alfabeto hebreo, a partir de la letra *he* en adelante» (Zohar Rut 106a).

El sistema *At Bash*

A continuación observaremos las características del sistema denominado *At Bash* para comprender apropiadamente el enunciado mencionado: en este sistema se cambia la primera letra del alfabeto por la última, la segunda letra del alfabeto por la anteúltima, la tercera letra del alfabeto, por la antepenúltima, y así sucesivamente. Y la denominación At Bash indica el procedimiento utilizado en el sistema. Ya que la primera parte del nombre, At, está formada por dos letras del alfabeto hebreo, la primera y la última, *alef* y *tav*. Estas dos letras se intercambian entre sí.

$$\text{א} = \text{ת}$$

La segunda parte del nombre, *Bash*, está formado también por dos caracteres del alfabeto hebreo, *bet* y *shin*. *Bet* es la segunda letra del alfabeto hebreo, en tanto *shin* es la anteúltima. Estas dos letras se intercambian entre sí.

$$\text{ב} = \text{ש}$$

A partir de las dos primeras combinaciones de letras que indican la estructura del sistema se origina el nombre del mismo: At Bash (véase Talmud, tratado de Shabat 104).

Esta es la tabla completa de intercambios de letras según el sistema At Bash:

$$\text{א} = \text{ת}$$
$$\text{ב} = \text{ש}$$
$$\text{ג} = \text{ר}$$
$$\text{ד} = \text{ק}$$
$$\text{ה} = \text{צ}$$
$$\text{ו} = \text{פ}$$
$$\text{ז} = \text{ע}$$
$$\text{ח} = \text{ס}$$
$$\text{ט} = \text{נ}$$
$$\text{י} = \text{מ}$$
$$\text{כ} = \text{ל}$$

Ahora veremos la explicación de lo mencionado en el Zohar: «todas esas catorce partes de la mano están dispuestas según esas combinaciones del alfabeto hebreo, a partir de la letra *he* en adelante».

Debemos considerar que el valor numérico de la letra *he* es 5. Y las catorce secciones de la mano están en los cinco dedos. Y eso está indicado en el número reducido de la palabra *iad*. Pues, como ya hemos visto, el valor numérico de la palabra *iad* es 14. Y el valor reducido de este número es 5. Ya que el valor numérico de una palabra puede ser reducido sumando los números que lo integran entre sí, y al producto obtenido se lo denomina *mispar katán*, que significa «número menor» (véase la explicación en *Las claves de la numerología cabalística* cáp. XVI).

Éste es el valor reducido de 14, que es el valor numérico de la palabra *iad*:

$$1 + 4 = 5$$

Resulta, pues, que en el valor reducido de la palabra *iad* se indica el valor 5, que corresponde con los cinco dedos que contienen las catorce secciones de la mano.

5 es el valor numérico de la letra *he*.

$$ה = 5$$

Y en el sistema denominado *At Bash*, la letra *he* se intercambia por la letra *tzadi:*

$$ה = צ$$

Éste es el valor numérico de esas dos letras:

$$\begin{array}{rcl} \text{ה} & = & 5 \\ \text{צ} & = & 90 \\ \hline & & 95 \end{array}$$

Y el valor reducido de 95 es 14 (cuyo valor reducido es 5):

$$95 = 9 + 5 = 14$$

Siguiendo todas las secuencias que siguen en el sistema At Bash, siempre el resultado que se obtiene en el número reducido es el mismo: 14. O sea, el valor numérico de *iad*.

Y esa secuencia mencionada: *he tzadi*, está indicada en el versículo que declara: «Porque la mano está sobre el Trono de Dios» (Éxodo 17:16).

Se observa que hay una relación directa entre «la mano» y «el Trono de Dios».

La expresión «el Trono de Dios» está escrita así en el texto original hebreo:

כס י–ה

Éste es el valor numérico de las tres primeras letras de esa declaración:

$$\begin{array}{rcl} \text{כ} & = & 20 \\ \text{ס} & = & 60 \\ \text{י} & = & 10 \\ \hline & & 90 \end{array}$$

90 es el valor numérico de la letra *tzadi*. Y a continuación está escrita le letra *he*. Se indica, por tanto, la correspondencia *tzadi he*, en relación con mano –*iad*–. A esto se refiere lo que está escrito: «Porque la mano está sobre el Trono de Dios».

La disertación del joven

Después de disertar acerca de las diez cosas requeridas antes de pronunciar la serie de bendiciones que se recitan después de comer pan, el joven dijo:

—El vaso de vino que se bebe después del *Birkat Hamazón* también requiere diez cosas, tal como enseñaron los sabios: debe ser lavado por dentro, enjuagado por fuera, ha de ser íntegro,[75] lleno, coronado,[76] envuelto,[77] se lo toma con ambas manos, se lo sostiene con la mano derecha, se lo levanta un puño del suelo, se ponen los ojos en él, y hay sabios que dijeron que se envía vino del vaso de la bendición a los miembros de la casa (Talmud, tratado de Berajot 51a).

Invitación para bendecir

Después, el joven dijo: si los que comieron juntos eran tres, deben pronunciar la invitación para bendecir y recitar *Birkat Hamazón* sobre un vaso de vino. Pero si no eran tres, no necesitan un vaso de vino. ¿Cuál es la razón? Porque el Vaso de la Bendición, que alude a la Presencia Divina, no se bendice sino a través de tres.[79] Y a partir de tres en adelante. Pero menos de tres, no.

Respecto a tres hombres que comieron juntos, los sabios dijeron que uno de ellos dice: «Bendigamos pues hemos comido de lo de Él». Y aquí no mencionan específicamente a Quién bendicen. Aunque sea que son tres, el que invita a bendecir no especifica: «Bendigamos a Quien hemos comido de lo de Él», ni dice el Nombre. Y no dice más que: «Bendigamos pues hemos comido de lo de Él». Y no dice a Quién.[80]

Los sabios enseñaron acerca de este asunto que ese vaso de la bendición está ante él –el que pronuncia la invitación para bendecir–, y debe observar con sus ojos en el mismo. Y esto se vincula con el misterio de lo que está escrito: «Siempre los ojos de El Eterno tu Dios están en ella» (Deuteronomio 11:12). Lo que está escrito: «en ella», se refiere a la Presencia Divina, que se denomina Vaso de Bendición. Y ese Vaso de Bendición recibe bendiciones y nutriente de los tres Patriarcas.[81] Y de ese nutriente que ella recibe nosotros comemos. Y por eso observamos en el vaso de la bendición, y decimos: «Bendigamos pues hemos comido de lo de Él». Es decir: «Acordemos en nuestro pensamiento con la bendición».[82] Y la razón es ésta: «Pues hemos comido de lo de Él».[83] De ese nutriente que –la Presencia Divina– recibe de lo Alto para nutrir al mundo.

Ahora bien, después de que el que conduce la bendición dice: «Bendigamos pues hemos comido de lo de Él», los demás comensales responden al Rey supremo, El Santo, Bendito Sea: «Bendito sea, pues hemos comido de lo de Él, y vivimos por Su bondad». Aquí se marca y se menciona el grado sabido de El Santo, Bendito Sea, del cual proviene todo el nutriente.[84] Y se declara: «Bendito». ¿A qué grado se refiere? Al Rey que la paz es de Él, El Santo, Bendito Sea, el Rey supremo, que todas las bendiciones salen de Él.[85] ¿Y de dónde se aprende que se denomina Bendito?[86] Como está escrito: «Y el rey Salomón, el bendito» I Reyes 2:45). La expresión Salomón, en el texto original hebreo, está escrita a través de la locución Shelomó, que significa «que la paz es de él». O sea: «Y el Rey que la paz es de Él, el Bendito».

Por eso, los comensales mencionan el lugar de la marca de donde todas las bendiciones salen de él,[87] que el conductor de la invitación para bendecir no dijo. ¿Por qué razón? Porque ese mundo supremo, que es la emanación cósmica –*sefirá*– denominada Biná, vierte primeramente la abundancia en los dos querubines que están debajo de él. Y ellos son el flanco de la derecha y el flanco de la izquierda. La derecha es la emanación cósmica –*sefirá*– denominada Jesed. Y la izquierda es la emanación cósmica –*sefirá*– denominada Guevurá. Y por eso, esos dos entes se marcan en primer lugar, para hacer una marca a ese grado supremo. Y después, ese hombre que bendice –el que conduce la invitación para bendecir–, el cual está en el medio,[88] recibe todo de ambos flancos, el de la derecha y el de la izquierda. Y de aquí en adelante, el que bendice responde tras ellos: «Bendito sea, pues hemos comido de lo de Él, y vivimos por Su bondad», y marca el lugar y el grado de donde las bendiciones y la abundancia salen de él.[89] Y entonces las almas de las doce tribus de lo Alto se perfuman y endulzan conjuntamente con gran paz en su origen.

Ahora bien, en la invitación para bendecir se dice: «y vivimos por Su bondad», y no se dice: «y vivimos a través de Su bondad». Y la razón es porque Él nutre al mundo inferior por el conducto denominado Bondad, o sea, la emanación cósmica –*sefirá*– denominada Iesod, como está dicho: «Y temed a El Eterno y a su Bondad» (Oseas 3:5). Lo que está escrito: «a El Eterno», se refiere a la emanación cósmica denominada Maljut, que se denomina Mundo Inferior. Y lo que está escrito: «y a su Bondad», se refiere al Árbol de la Vida.[90] Y fluirán hacia la Bondad de El Eterno (Jeremías 31:11). Pues a través de Él se nutren e iluminan todos los mundos.

Cuando diez hombres comieron juntos pronuncian el Nombre de Dios en la invitación para bendecir. Pues todos acuerdan como uno atraer la abundancia de lo Alto, desde la cabeza suprema,[91] hasta el final de todos los grados.[92] Por eso, el que conduce la invitación para bendecir marca y dice: «Bendigamos a nuestro Dios, pues hemos comido de lo de Él». Y lo mismo de aquí en más, cuando son más de diez.

Ya que recita la primera bendición de la serie de bendiciones que se pronuncian después de comer pan –*Birkat Hamazón*–, es decir, la bendición: «Bendito eres Tú, El Eterno, Dios nuestro, Rey del universo, Quien alimenta al mundo [...]», por el alimento que salió del mundo supremo, que es la Fuente de todo, vuelve a referirse al tema en la segunda bendición y dice: «El Eterno, Dios nuestro, Te agradecemos porque has dado en heredad a nuestros ancestros una tierra deseable, buena y amplia […]», aludiendo al mundo inferior.[93] ¿Cuál es la razón? Porque todas las bendiciones deben proyectarse primeramente al mundo supremo, que es la fuente de todo nutriente, y después, al mundo sagrado inferior.

Similar a esto ocurre con el Kadish, ya que se atraen las bendiciones de lo Alto a lo bajo. Ya que se abre diciendo: «Sea engrandecido y santificado Tu gran Nombre». Se refiere al gran Nombre supremo, más que todo, la Fuente de la Vida. Pues de él salen todas las bendiciones y todas las santificaciones, y es el Mundo Venidero.[94] Y después, las bendiciones se proyectan de allí: «al mundo que creó según su Voluntad», o sea, el Mundo inferior.[95] Y similar a esto ocurre con todas las bendiciones, con excepción de la plegaria de las dieciocho bendiciones denominada Amidá, cuando la persona se prosterna en ellas, ya que a través de esas bendiciones el ascenso es de abajo hacia arriba. Y después desciende la abundancia de lo Alto a lo bajo.

La segunda bendición de la serie de bendiciones que se recitan después de comer pan —*Birkat Hamazón*—, o sea, la bendición por la tierra, se vincula con el misterio del Mundo Inferior,[96] y se incluye con el misterio del Pacto y la Torá. Pues se declara: «El Eterno, Dios nuestro, Te agradecemos porque has dado en heredad a nuestros ancestros una tierra deseable, buena y amplia; y porque Tú, El Eterno, Dios nuestro, nos has sacado de la tierra de Egipto, y nos has redimido de una casa de esclavos. Y por Tu Pacto que has sellado en nuestra carne, y por Tu Torá que nos has enseñado […]». El Pacto, se refiere al Árbol de la Vida.[97] Y Torá se refiere a la Columna Central.[98] O sea, la vida y el nutriente que sale del Mundo Venidero,[99] y[100] llega al Mundo Inferior,[101] para nutrirlo.

Las mujeres, los siervos, y los niños pequeños deben recitar la serie de bendiciones que se recitan después de comer pan —*Birkat Hamazón*—. Pero ellos no realizan la invitación para bendecir, y no hacen cumplir a otros que no saben bendecir con la bendición de ellos. Como fue enseñado: ¡Ay de aquel hombre –iletrado– que su mujer y sus hijos bendicen por él! Y Rabí Aba dijo: las mujeres están obligadas a leer la Meguilá, pero ellas no leen para hacer cumplir a otros con esa lectura. No obstante, cuando un hombre lee, y las mujeres cumplirán el precepto de la lectura de la Meguilá con la lectura de él, deben oír la bendición de boca de aquel que bendice. Similar a esto, la mujer –cuando no bendice ella misma– debe escuchar las bendiciones de *Birkat Hamazón*, de boca de su esposo, y su esposo está obligado a esperarla en la mesa, para que oiga la bendición de boca de aquel que bendice.

Y si los comensales eran todas mujeres, y no había entre ellas ningún hombre, llaman a alguien para que bendiga para ellas. Y si eran muchas mujeres, y los hombres que estaban sentados a la mesa eran menos de diez, el que recita la bendición no pronuncia el Nombre de Dios en la invitación para bendecir. Como hemos estudiado: las mujeres no se asocian en la invitación para bendecir. Y ya que no se asocian en la invitación para bendecir, no se bendice por ellas con el Nombre de Dios, porque básicamente *Birkat Hamazón* es por los hombres, y no, por las mujeres. Pero ellas deben escuchar la serie de bendiciones que se recitan después de comer pan, y deben escuchar la lectura de la Meguilá de boca de aquel que lee.

En la tercera bendición de *Birkat Hamazón*, se declara: «Y reconstruye a Jerusalén, la ciudad sagrada, pronto en nuestros días. Bendito eres Tú, El Eterno, que con Sus misericordias reconstruye a Jerusalén». Pues hasta ahora se bendijo en los niveles de lo Alto,[102] y se debe bendecir en el nivel de lo bajo, y se debe bendecir a El Santo, Bendito Sea, por la construcción del Templo Sagrado, ya que de allí sale el alimento para todo el mundo, y los demás moradores del mundo –que no son merecedores de recibir el nutriente de lo Alto directamente– no se nutren sino de allí, del sobrante.

Ahora bien, debe saberse que todo está incluido en la primera bendición de *Birkat Hamazón*, ya que todo está incluido en la misma, y hasta aquí la explicación del *Birkat Hamazón*. Y quien bendice el *Birkat Hamazón* alegra en lo Alto, y en lo bajo. Y debido a eso, debe bendecir con alegría y con voluntad de corazón, para alegrar a la Medida del Bien, como está escrito: «Y comió Boaz, y bebió, y se confortó su corazón» (Rut 3:7). La expresión «confortó», en el texto original hebreo, está escrita a través de la locución *vaitav*, que comparte raíz con la palabra *tov*, que significa Bien. Y ésta es la medida del Bien, como está escrito: «Todos los días del afligido son difíciles; y el de buen —*tov*— corazón tiene banquete continuo»[103] (Proverbios 15:15).

NOTAS

1. *Véase* la explicación de esta ley en el «Apéndice».
2. *Véase* esta ley completa y su explicación en el «Apéndice».
3. Antes de purificarse las manos con agua para comer pan es correcto pronunciar la declaración: «En nombre de la unicidad de El Santo, Bendito Sea [...]». *Véase* en el Apéndice.
4. Véase *Numerología y cábala* págs. 119 a 121.
5. Ese hombre que haga todo lo mencionado previamente, en el versículo anterior, es decir: «El que anda en justicia y habla lo recto, el que aborrece la ganancia deshonesta, el que sacude sus manos para no recibir cohecho, el que tapa sus oídos para no oír propuestas de sangre; el que cierra sus ojos para no ver cosas malas» (Metzudat David).
6. Será proveído de lo Alto, y sus aguas no faltarán (Ibíd.).
7. Es decir: ¿Por qué gastáis vuestro dinero y vuestro esfuerzo en aprender cosas vanas? Invertid en estudiar la Torá para nutrir con deleites vuestra alma (Metzudat David).
8. A esto se refiere lo que está escrito: «Después tomará los dos machos cabríos y los presentará delante de El Eterno, a la puerta del tabernáculo de reunión. Y Aarón echará suertes sobre los dos machos cabríos; una suerte por El Eterno, y otra suerte por Azazel. Y Aarón hará traer el macho cabrío sobre el cual cayere la suerte por El Eterno, y lo ofrecerá en expiación. Pero el macho cabrío sobre el cual cayere la suerte para Azazel lo presentará vivo delante de El Eterno para hacer la reconciliación sobre él, para enviarlo a Azazel al desierto» (Levítico 16:7-10).
9. En el texto original hebreo, en ambos versículos, no aparece una preposición indicada a través de la letra *lamed*. Pues solamente cuando se trata de una canción o una alabanza de agradecimiento se incluye esa preposición. Por ejemplo: «Cantad a El Eterno» (Éxodo 15:21), o: «Alabad a El Eterno» (Isaías 12:4). En esos casos, se incluye una letra *lamed* antes del Nombre de El Eterno. Pero en el texto hebreo de la invitación para bendecir: «Bendigamos a nuestro Dios», ya que es una bendición, y no una canción o una alabanza de agradecimiento, no hay una letra *lamed* antes de «nuestro Dios», pues sigue el modelo de los versículos citados previamente (Abudraham). Y en la traducción hemos puesto: «Bendecid a Dios», siguiendo lo mencionado en la exégesis de Metzudat David, pues se indica que en la explicación corresponde la proposición hebrea indicada a través de la locución *et*.
10. Explicación de Abudraham en el apartado Kadish, de la plegaria matutina.

11. Shemá Israel es una oración que se recita por prescripción de la Torá, como está escrito: «Oye Israel, El Eterno es nuestro Dios, El Eterno es Uno. Amarás a El Eterno, tu Dios, con todo tu corazón, con toda tu alma y con todo tu potencial. Y estas palabras que Yo te ordeno hoy estarán sobre tu corazón. Las enseñarás a tus hijos y hablarás de ellas cuando estés sentado en tu casa, y cuando andes por el camino, y cuando te acuestes y cuando te levantes. Las atarás como señal sobre tu brazo y estarán en la filacteria entre tus ojos. Y las escribirás sobre las jambas de tu casa y en tus portales» (Deuteronomio 6:4-9).

12. En el Zohar se enseñó: Bienaventurados los que se esfuerzan en la Torá, pues están en un grado más supremo que todos. Y por eso, quien se aboca al estudio de la Torá, no necesita sacrificios, ni ofrendas ígneas, pues la Torá es más importante que todos, y ella es el vínculo de la fe de todos. A esto se refiere lo que está escrito: «Sus caminos son caminos deleitables; y todos sus senderos paz» (Proverbios 3:17). «Todos sus senderos paz», para el cuerpo y para el alma, ya que protege a la persona de todo daño. Y está escrito: «Mucha paz tienen los que aman tu Torá, y no hay para ellos tropiezo (Salmos 119:165)» (III Zohar 35a).

13. Código Legal Shulján Aruj: *Oraj Jaim* 185:1

14. *Kadish* es una oración breve muy importante que se recita al culminar un estudio, o en la plegaria, y también por las almas de los difuntos.

15. «Bendito eres Tú, El Eterno, Dios nuestro, Rey del universo, que saca –*hamotzi*– el pan de la tierra».

16. Como está escrito: «El Eterno habló a Moshé, diciendo: "Habla a los Hijos de Israel y que den la vuelta y acampen delante de Pi Hajirot, entre Migdol y el mar, delante de Baal Tzefón; frente a él acamparéis, junto al mar. Y dirá el Faraón de los Hijos de Israel: 'Desorientados están en la tierra, el desierto los ha encerrado'. Y endureceré el corazón del Faraón y os perseguirá, y seré glorificado en el Faraón y en todo su ejército, y Egipto sabrá que Yo soy El Eterno"; y lo hicieron así [...] Y los egipcios los persiguieron, y los alcanzaron acampando ellos junto al mar; con toda la caballería y los carros del Faraón, sus oficiales, y su ejército, en Pi Hajirot, delante de Baal Tzefon. El Faraón se acercó, y los Hijos de Israel levantaron sus ojos, y he aquí que Egipto venía tras ellos. Y los Hijos de Israel temieron en gran manera, y clamaron a El Eterno. Y dijeron a Moshé: ¿Acaso no había sepulcros en Egipto, que nos has sacado para que muramos en el desierto? ¿Qué es esto que nos has hecho, al sacarnos de Egipto?¿Acaso no es esto lo que te dijimos en Egipto, diciendo: "Déjanos, y serviremos a Egipto"? pues mejor es que sirvamos a Egipto y no que muramos en el desierto». Y Moshé dijo al pueblo: "¡No temáis! Poneos de pie, y contemplad la salvación que El Eterno hará hoy con vosotros; porque lo que habéis visto hoy, a los egipcios, nunca más los volveréis a ver. El Eterno combatirá por vosotros, y vosotros estaréis en silencio". Dijo El Eterno a Moshé: "¿Por qué clamas ante Mí? Habla a los Hijos de Israel y que marchen. Y tú, levanta tu vara y extiende tu brazo sobre el mar, y pártelo y los Hijos de Israel vendrán por en medio del mar, sobre lo seco". Y se desplazó el ángel de Dios que iba delante del campamento de Israel, y fue tras ellos; y la columna de nube que iba delante de ellos se desplazó y se ubicó tras ellos. Y vino entre el campamento de Egipto y el campamento de Israel, y fue nube y oscuridad –para los egipcios–, y alumbraba la noche –para los Hijos de Israel–, y no se acercaron este a este en

toda esa noche. Y extendió Moshé su mano sobre el mar y El Eterno hizo que el mar se desplazara con un fuerte viento oriental durante toda la noche, y puso en el mar sequedad, y las aguas se partieron. Los Hijos de Israel entraron al mar, en seco; y las aguas les eran por muro, a la derecha de ellos, y a la izquierda de ellos» (Éxodo 14:1-22).

17. Se refiere a los días hábiles, que no son Shabat, día festivo, o principio de mes.

18. Ya que debe hacer faltar algo del arreglo completo de la mesa en memoria de la destrucción del Templo Sagrado.

19. Así se denomina a una persona avara.

20. La derecha está asociada al flanco de la bondad y el amor en el plano cósmico. Y la izquierda está asociada al flanco del rigor y el juicio en el plano cósmico.

21. Los sabios cabalistas enseñaron que los sacerdotes, descendientes de Aarón, están enraizados en el flanco cósmico de la derecha.

22. Como está escrito: «El Eterno habló a Moshé diciendo: "Haz acercar a la tribu de Leví para que esté delante de Aarón el sacerdote, y que le sirvan"» (Números 3:5-6).

23. Los dedos índice, mayor, anular y meñique, tienen tres falanges cada uno, y el pulgar tiene dos falanges, en total catorce falanges. Éstas son las catorce secciones de la mano.

24. Tres falanges.

25. Esos ángeles son Mijael, Gabriel, Refael, y Oriel, que son el Carruaje de la Presencia Divina. Tal como consta en los libros de oraciones, en la plegaria que se recita antes de acostarse a dormir: «En Nombre de El Eterno, Dios de Israel, a mi derecha Mijael, a mi izquierda Gabriel, frente a mí Oriel, detrás de mí Refael, y sobre mi cabeza la Presencia Divina de Él».

26. En su proyección a los tres tiempos: presente, pasado y futuro. Tal como consta en los libros de oraciones, en la plegaria matutina: «El Eterno es Rey, El Eterno fue Rey, El Eterno será Rey, por siempre jamás». Se menciona tres veces el Nombre de El Eterno, el Tetragrama. Y como el Tetragrama se escribe con cuatro letras, en su proyección a los tres tiempos son doce letras (enseñanza del sabio Ari"zal).

27. Dos falanges.

28. El grado asociado a la primera letra del Tetragrama, *iud*, y el grado asociado a la segunda letra del Tetragrama, *he*. Esos grados de El Santo, Bendito Sea, son supremos y ocultos. Y los sabios cabalistas denominaron a esos grados: el Aspecto Cósmico Masculino Supremo –Aba–, y el Aspecto Cósmico Femenino Supremo –Ima–. El Aspecto Cósmico Masculino Supremo –Aba– se vincula con el misterio de la emanación cósmica –sefirá– denominada Jojmá, y la primera letra del Tetragrama, *iud*; y el Aspecto Cósmico Femenino Supremo –Ima– se vincula con el misterio de la emanación cósmica –sefirá– denominada Biná, y la segunda letra del Tetragrama, *he*.

29. «Bendito eres Tú, El Eterno, Dios nuestro, Rey del universo, que saca –*hamotzi*– el pan de la tierra».

30. Se vincula con el misterio de la última letra *he* del Tetragrama.

31. La Presencia Divina.

32. La expresión *jová* significa obligatorias, textualmente, y también, culpabilidad.

33. Las palabras mencionadas por el joven a continuación constan en el «Apéndice».

34. (Salmos 34:2).

35. (Kohelet 12:13).

36. (Salmos 145:21).

37. (Salmos 115:18).

38. (Ezequiel 41:22).

39. Significa: «con permiso de los Cielos».

40. *Birkat Hamazon* se recita en toda lengua (Shulján Aruj *Oraj Jaim* 185:1).

41. Salmos 145:16.

42. (Génesis 24:1).

43. (Génesis 27:33).

44. (Génesis 33:11).

45. Los siete huéspedes supremos sagrados se denominan *ushpizin*, y son las almas de nuestros ancestros: Abraham, Ytzjak, Yacob, Moshé, Aarón, Yosef y David.

46. (Salmos 34:10–11).

47. (Salmos 37:25–26).

48. (II Reyes 4:44).

49. (Salmos 115:15).

50. (Jeremías 17:7).

51. (Salmos 29:11).

52. La cantidad de vino que debe beberse para recitar la bendición final es el volumen correspondiente a un *reviit*. Y los sabios postreros dijeron que esa medida equivale a 86 centímetros cúbicos.

53. Y los Hijos de Israel dijeron en sus corazones: ¿Cómo cantaremos el cántico de El Eterno en tierra extraña, que no es el lugar del Templo Sagrado? Por eso, ante el temor de que nos obligaran a cantar, las ocultamos, y dijimos que se perdieron en el camino (Metzudat David).

54. Salmos 137.

55. Cántico que era pronunciado por los levitas sobre los peldaños del Templo Sagrado (véase Salmos 121ª, Rashi).

56. Es decir: cuando El Eterno haga volver a los exiliados de Tzión del exilio babilónico, dirán: «todas las aflicciones que atravesamos son como un sueño que hemos tenido». O sea, merced a las grandes bondades que tendrán, les parecerá que todas las aflicciones atravesadas fueron tan sólo un sueño (Metzudat David).

57. Salmos 126.

58. El que está en silencio, como un mudo, a causa de las aflicciones.

59. Se refiere a los Hijos de Israel, como está escrito: «Y fue rey en Yeshurún» (Deuteronomio 33:5). Y la expresión Yeshurún, viene de *yashar*, que significa: «recto».

60. II Samuel 20:19.

61. *Birkat Hamazon* se recita en toda lengua (Shulján Aruj *Oraj Jaim* 185:1).

62. Salmos 145:16.

63. Deuteronomio 8:19.

64. Génesis 24:1.

65. Génesis 27:33.

66. Génesis 33:11.

67. Salmos 34:10-11.

68. Salmos 136:1.

69. Salmos 145:16.

70. Jeremías 17:7.

71. Salmos 37:25.

72. Salmos 29:11.

73. La cantidad de vino que debe beberse para recitar la bendición final es el volumen correspondiente a un *reviit*. Y los sabios postreros dijeron que esa medida equivale a 86 centímetros cúbicos.

74. Los dedos índice, mayor, anular y meñique, tienen tres falanges cada uno, y el pulgar tiene dos falanges, en total catorce falanges. Éstas son las catorce secciones de la mano.

75. Hay sabios que explicaron que se refiere al vino, el cual debe ser íntegro para el vaso de la bendición, es decir, no se han de utilizar restos de una copa que ya se ha comenzado a beber, sino vino sacado directamente de la botella, o el barril. Otros sabios explicaron que se refiere al vaso, el cual debe estar entero, sin ningún defecto.

76. Rav Iehuda coronaba al vaso de la bendición con sus discípulos, pues cuando el maestro sostenía el vaso de la bendición, ellos se sentaban en torno de él, rodeándolo como una corona. Rav Jisda coronaba el vaso de la bendición con otros vasos de vino, que disponía en derredor del vaso de la bendición (Talmud, tratado de Berajot 51a).

77. Rav Papa se envolvía con su manto –*talit*– cuando sostenía el vaso de la bendición. Rav Asi cubría su cabeza con un pañuelo (Talmud, tratado de Berajot 51a).

78. En especial a la mujer.

79. En correspondencia con las tres alineaciones cósmicas: la alineación de la derecha, denominada Jesed, la alineación de la izquierda, denominada Guevurá, y la alineación central, denominada Tiferet.

80. Pues se refieren a la Presencia Divina, que se vincula con el misterio del Vaso de la Bendición, y es ésa una proyección inferior de la energía cósmica de El Santo, Bendito Sea.

81. Son energías supremas vinculadas con el misterio de las tres alineaciones cósmicas de El Santo, Bendito Sea, mencionadas previamente.

82. Se refiere al Vaso de la Bendición, que alude a la Presencia Divina.

83. Ibíd.

84. Se refiere a la emanación cósmica –*sefirá*– denominada Iesod, que es el conducto cósmico a través del cual la Presencia Divina recibe el nutriente para repartirlo en el mundo.

85. Y se proyectan a lo bajo a través del conducto cósmico denominado Iesod.

86. ¿De dónde se sabe que el conducto cósmico denominado Iesod se denomina Bendito?

87. O sea, Bendito, que alude a la emanación cósmica denominada Iesod, y es el conducto cósmico a través del cual la abundancia de lo Alto llega al mundo.

88. Se refiere a la emanación cósmica –*sefirá*– denominada Tiferet, que está en medio de la emanación cósmica denominada Jesed y la emanación cósmica denominada Guevurá.

89. Es decir, la emanación cósmica denominada Iesod.

90. El Aspecto Cósmico Masculino Inferior –Zeir Anpin–, que incluye en su extremo inferior a la emanación cósmica denominada Iesod, que se vincula con el misterio del conducto denominado Bondad, que transmite el nutriente proveniente de lo Alto a la emanación cósmica denominada Maljut, que es la Presencia Divina –*Shejiná*–, para que lo reparta en lo bajo.
91. La emanación cósmica denominada Keter.
92. La emanación cósmica denominada Maljut.
93. Alude a la emanación cósmica denominada Maljut, que se denomina Tierra.
94. Es decir, la emanación cósmica denominada Biná.
95. La emanación cósmica denominada Maljut.
96. Ibíd.
97. La emanación cósmica denominada Iesod del Aspecto Cósmico Masculino Inferior –Zeir Anpin.
98. La emanación cósmica denominada Tiferet del Aspecto Cósmico Masculino Inferior –Zeir Anpin.
99. La emanación cósmica denominada Biná.
100. Proyectándose por la emanación cósmica denominada Tiferet y la emanación cósmica denominada Iesod.
101. La emanación cósmica denominada Maljut.
102. O sea, el nivel de la emanación cósmica denominada Biná, y el nivel del Aspecto Cósmico Masculino Inferior –Zeir Anpin.
103. Debido a su dicha le parece como si todos sus días fueran con banquete.

ÍNDICE